Mentiras no altar

CIP-BRASIL. CATALOGAÇÃO NA FONTE
SINDICATO NACIONAL DOS EDITORES DE LIVROS, RJ

S646m

Smith, Robin L., 1962-
    Mentiras no altar / Robin L. Smith ; tradução Marcos Malvezzi Leal. - Campinas, SP : Verus, 2008.

    Tradução de: Lies at the altar
    ISBN 978-85-7686-030-3

    1. Casamento. 2. Pessoas casadas - Psicologia. 3. Aconselhamento matrimonial. I. Título.

07-4494   CDD: 155.645
                                         CDU: 159.9

ROBIN L. SMITH

Mentiras no altar

Tradução
Marcos Malvezzi Leal

Título original
Lies at the Altar: The Truth About Great Marriages

Copidesque
Carlos Eduardo Sigrist

Revisão
Anna Carolina G. de Souza

Capa e projeto gráfico
André S. Tavares da Silva

Foto da capa
© Ron Chapple Studios / Stockxpert
(Todos os direitos reservados)

Copyright © 2006 Dr. Robin L. Smith

Originalmente publicado nos Estados Unidos e Canadá por Hyperion com o título *Lies at the Altar*. Esta edição traduzida é publicada em acordo com Hyperion.

Todos os direitos reservados, no Brasil, por Verus Editora. Nenhuma parte desta obra pode ser reproduzida ou transmitida por qualquer forma e/ou quaisquer meios (eletrônico ou mecânico, incluindo fotocópia e gravação) ou arquivada em qualquer sistema ou banco de dados sem permissão escrita da editora.

VERUS EDITORA LTDA.
Av. Brasil, 1999, Jd. Chapadão
13070-178 - Campinas/SP - Brasil
Fone/Fax: (19) 4009-6868
verus@veruseditora.com.br
www.veruseditora.com.br

Este livro é dedicado

A Oprah Winfrey
por me conceder a oportunidade de viver na luz, no calor, na segurança e na alegria da verdade – e por ser a ponte que me ligou de volta a meu eu mais verdadeiro.

A Deus
Aquele que levantou minha cabeça e é meu refúgio e minha força, minha alegria, minha estrela-guia na escuridão e o amante de minha vida e de minha alma!

AGRADECIMENTOS

Como escritora, encontro humildade nesta seção, pois a cada palavra percebo mais e mais como foi necessário envolver toda uma aldeia para dar à luz este livro, além da notável competência e do profundo amor e apoio que cercaram este trabalho de libertação e amor.

Quero agradecer em primeiro lugar a Catherine Whitney, cujo fervor me ajudou a captar cada nuance essencial para este livro e cujo espírito esteve sempre firme, tranqüilo e transbordante de generosidade e delicadeza. Curvo-me a sua competência literária, Catherine, e sempre que conversamos me sinto preenchida com um relacionamento profissional que, espero, dure a vida toda, e uma nova amizade cheia de confiança, que prezo como um tesouro. Aguardo ansiosamente entrar na cozinha da criatividade com você e cozinhar meu próximo livro a seu lado. Obrigada por tudo! Também sou profundamente grata pela contribuição especial para a redação e para o espírito deste livro vinda de seu parceiro, Paul Krafin. Ele me proporcionou uma valiosa perspectiva e sensibilidade.

Como o livro é dedicado a Oprah Winfrey, agora é o momento de dizer algo mais. Oprah, obrigada por estar comigo no início de tudo, não só no nascimento de *Mentiras no altar*, mas em meu próprio renascimento. Você entrou nos escombros tanto do livro quanto de minha vida e me lembrou de tomar a decisão de viver minha melhor vida. Saiba que sem você este livro não seria o suave despertar, o sinal de libertação para os casais e o convite à vida nova para as pessoas de todos os lugares. Sou tão grata pelo fato de a ordem divina estar sempre em dia! Obrigada por me apoiar totalmente, por respeitar meus dons e por me apresentar ao mundo!

Enquanto agradeço a Oprah, quero também expressar minha gratidão a toda a família Harpo, que me deu as boas-vindas com tanto carinho e animação. De modo particular, sou grata a várias pessoas que me deram uma ajuda valiosíssima neste livro: à produtora executiva Ellen Rakieten e a sua equipe, por alimentar este projeto e manter a cabeça no lugar apesar de sua agenda tão lotada. Você esteve sempre disponível e foi muito generosa com suas informações, assegurando que o produto final fosse impecável. A Harriet Seitler, que deu o primeiro passo com "a chamada" da qual sempre me lembrarei como o início de uma jornada melhor e maior que qualquer coisa que meu coração poderia sonhar.

A John Madere, extraordinário fotógrafo. Seus olhos treinados encontravam a cada foto tirada o que havia de melhor em mim e me entusiasmavam. Você tornava possível a liberdade de expressão e me dizia em poucas palavras que deixasse minha alegria ser conhecida por todos. Com você, eu me sentia livre, tranqüila, animada e segura. Espero que possamos trabalhar juntos de novo.

A Gayle King, editora da revista *O*, por seus constantes incentivos. Obrigada por ficar tão feliz por mim. Isso significa muito. E agradeço também ao pessoal encorajador da revista, principalmente à redatora-chefe, Amy Gross, e à escritora Aimee Lee Ball.

A minha família na editora Hyperion. Sou grata a cada pessoa que ofereceu suas habilidades e seu conhecimento para criar *Mentiras no altar*. Primeiramente, a Robert Miller. Bob, obrigada por lutar comigo. O modo como você expõe seus pensamentos, sentimentos e crenças, respeitando ao mesmo tempo os meus, é importante para mim. Desde nossa primeira reunião na sala da Harpo Studios, você compreendeu meu conceito e se empenhou com vigor na publicação de *Mentiras no altar*. Você acredita que a mensagem de viver na verdade é uma base essencial para criar bons casamentos e bons seres humanos, e seu compromisso com isso tem sido uma inspiração para mim.

A meu editor, Leslie Wells, cuja reputação como "o melhor" é merecida. Embora tenha embarcado após o início da jornada, você imediatamente incorporou nossa visão. Sua orientação sábia, reconfortante e encorajadora é uma bênção. Sou grata também a Ellen Archer, William Schwalbe, Phil Rose e Miriam Wenger. Um agradecimento especial a Mary Ellen O'Neill, a editora que deu a esse projeto a centelha de vida antes de se dedicar a outras coisas grandiosas no mundo editorial.

A Jane Dystel, minha agente literária. Já lhe disse isso em particular, Jane, mas cabe aqui uma proclamação em público. Nós tínhamos mesmo de nos conhecer. Honro seus conselhos, sua experiência e seu conhecimento e aprecio seu valor, sua confiança e seu respeito por minha arte e por meu saber intuitivo.

A Miriam Goderich, pela atenção aos detalhes e pela disposição para explorar meus desejos e caprichos. E a todas as outras pessoas da Agência literária Dystel and Goderich, cujo apoio a este projeto do começo ao fim foi uma fonte de conforto e força.

A Mary Beth H. Gray, minha principal advogada. Mary Beth, adoro sua brilhante mente jurídica, sua escrupulosa atenção a detalhes e seu espírito doce e forte. Você não é só minha advogada, mas uma amiga de confiança. Obrigada por caminhar comigo pelas várias estações da vida.

A David S. Rasner, também advogado, por garantir que tudo desse certo e por seu firme apoio.

Sinto-me honrada pelo fato de o dr. Harville Hendrix, um dos gigantes na área de recuperar casamentos e ajudar as pessoas a entender como as feridas da infância marcam a vida delas e as privam do direito à alegria e à plenitude, ter se mostrado tão disposto a endossar *Mentiras no altar*. Dr. Hendrix, sua gentileza, seu apoio e sua crença em meu trabalho, bem como sua disposição em emprestar seu nome a este projeto, foram a cobertura especial que faltava ao bolo. Você acrescentou uma doçura inesperada a esse tema tão sagrado. Você é um verdadeiro pioneiro e abriu caminho para este livro utilizar os conceitos de sua Terapia de Relacionamentos Imago e partilhar o potencial de cura e transformação dessa terapia com o mundo. Obrigada por iluminar o caminho para mim!

Um agradecimento especial a Sunny Shulkin, por ser um sábio guru e uma fonte de conhecimento apurado e de discernimento. Você sempre partilhou generosamente comigo seu fervor e sua profunda compreensão da condição humana e das relações de intimidade. Obrigada também por me apresentar a Terapia Imago muitos anos atrás e por ser basicamente minha ligação com o dr. Hendrix.

Um agradecimento muito especial também às mulheres que participaram de meus grupos de discussão. A coragem, o discernimento, a abertura, a honestidade e a disposição de vocês para serem vulneráveis me ajudaram muito a dar forma a este livro. Considero sua contribuição uma das mais sagradas revelações que já testemunhei em uma discussão pública. Honro cada uma de vocês por partilhar comigo e com o grupo suas histórias, suas dores, suas lutas e seus triunfos. Serei sempre grata pela inestimável dádiva de honestidade, franqueza e resistência.

Aos jovens do Youth Study Center, da Filadélfia, uma instituição de reabilitação juvenil. Obrigada por me incentivarem e me lembrarem quanto é importante os adultos acertarem o passo para cuidar melhor de vocês, para amá-los mais, para ajudá-los a curar as feridas que lhes causamos e para possibilitar que vocês se tornem modelos formados e saudáveis do que podem ser o amor, o compromisso e o casamento. Vocês me lembram de como é importante aprendermos a nos consertar quando quebramos. Eu honro a jornada de cada um de vocês, respeito suas dores e os levo sempre em meu coração!

Ao dr. Howard C. Stevenson Jr. Você é meu amigo, meu irmão, meu colega, um lutador pela liberdade, um professor corajoso, um pesquisador produtivo, um clínico altamente habilidoso e uma pessoa por quem tenho grande estima. Nosso trabalho conjunto deu forma e voz a este livro. Fui profundamente influenciada por seu exemplo vivo de talento integrado com aplicação. Adoro me sentar a seus pés e aprender – esse é um de meus mais valiosos tesouros.

A meus clientes e pacientes e a todos aqueles com quem aprendi. Suas histórias de dor e progresso, de provações e triunfos, de lágrimas, medos e recuperações me deram coragem, na medida em que vocês me permitiram testemunhar a bravura e a vulnerabilidade de cada um. E aos estranhos que me encorajam a continuar compartilhando a mensagem, a escrever mais livros e a dividir a luz daquilo que aprendi – escutei vocês e respondi. Obrigada!

A meus pais, Warren E. Smith, que morreu em 1990, e Rosa Lee Smith, que me abençoou com seu gosto pela vida e seu amor por aprender. Sua devoção e seu apoio a mim e seu doce amor por Kalle possibilitaram minha dedicação ao trabalho que devo realizar no planeta. Eu honro seus 42 anos de casamento, um exemplo de excelência vivido na minha frente, e sua disposição para lutar a meu lado enquanto eu crescia para viver a vida que só eu poderia viver. Sinto muito orgulho também de meu pai, que sabia do que eu era capaz e aceitou plenamente minhas aspirações. Ele sempre acreditou em mim e alimentou meus sonhos. Ainda ouço o eco de sua voz me garantindo, com tranqüilidade, que, se eu fizesse minha parte, meus sonhos um dia se realizariam. Ele plantou as sementes de compaixão, paz, trabalho, disciplina, integridade e sucesso, e ensinou-me, com seu exemplo, a viver uma vida com significado. Meu amor por vocês dois é profundo e imenso.

A meus irmãos, Damian e Joy, que me apoiaram cada um do seu jeito, e a minha extensa família, que está sempre me animando.

A Kim, minha assistente. Obrigada por manter minha agenda em ordem e por me lembrar de "encontrar aquele lugar". Sua ajuda, seu conhecimento e seu riso são inestimáveis para mim.

A meu círculo de amigos íntimos e queridos – vocês sabem quem são. Vocês são os castiçais de minha vida, que sempre acenderam luzes de amor enquanto eu caminhava pela estrada escura, sozinha, que me embalaram e cantaram para mim, me lembrando de quem eu era quando minha memória falhava, me cercando com um escudo protetor enquanto eu recuperava meu direito divino nato. Vocês dançaram comigo até eu me banhar na chuva da alegria, da plenitude e da abundância, até o terror em meus olhos acabar. Agradeço a esse especialíssimo grupo de pessoas que brincam, rezam e ficam comigo – vocês têm meu coração e minha profunda gratidão.

A Pia Mellody e Terrence Real, dois dos melhores terapeutas na ativa. Vocês compreendem o mundo da dor, do trauma, da depressão, dos vícios e da recuperação. As sementes que vocês plantaram em minha vida continuam a florescer com cores vivas e com a doce fragrância da paz, da coragem e do bem-estar.

A minha dor, minha professora particular, em quem eu finalmente prestei atenção, e às altas horas da noite, das quais surgiu esta obra. Sou grata a vocês. A alegria e a paz são agora algumas de minhas instrutoras, são minhas companheiras íntimas.

A Kalle, minha alegria, o amor de minha vida, minha filha e amiga especial. Você faz cada dia de minha vida ser especial, cheio de doçura e de boas risadas. Você é puro amor e o mais verdadeiro presente de Deus para mim. Mamãe ama demais você!

E a quem sempre me empurra para frente, segura as pontas, e é a fundação de minha vida e o limite de meu ser: Deus! Eu lhe agradeço, Senhor, por simplesmente me dar uma vida de abundância, com tudo que eu poderia pedir ou imaginar. O Senhor é a luz que ilumina o caminho sob meus pés. Agradeço-lhe, mais que tudo, por ser testemunha de minha vida e por me permitir saber que sou inextinguível e insubstituível para o Senhor. Esse conhecimento e essa compreensão me transformaram. Obrigada, Deus, por me amar com seu amor eterno. Eu o amo do mesmo jeito!

SUMÁRIO

Introdução: Verdadeira comigo mesma 15
1 De hoje em diante 19
2 Estar presente como adulto 41
3 Amar, honrar e respeitar 64
4 Renunciar aos outros 86
5 Na alegria e na tristeza 108
6 Na riqueza e na pobreza 130
7 Na saúde e na doença 151
8 Até que a morte nos separe 170
9 De olhos bem abertos 181
10 Como fazer votos e vivê-los 209
11 Nunca é tarde para rever os votos 222
12 Acenda três velas 233

Verdadeira comigo mesma

> A VERDADE É PODEROSA,
> E ELA PREVALECE.
> – *Sojourner Truth*

Quero começar com a verdade. Sei o que é viver uma mentira – querer tanto preservar um relacionamento a ponto de me fazer invisível. Conheço a exaustão de tentar manter uma fachada que não tinha alicerces. Por isso, neste livro, não falarei a partir de uma posição elevada. Direi a você não o que *penso*, mas o que *sei*.

A verdade é o que segura minha vida agora. Ela não é um acessório, é uma necessidade. Assim como o cartão de crédito, nunca saio de casa sem ela. Mas caminhei em meio às trevas das mentiras para chegar aqui. Gostaria de poupar da dor toda mulher que teme que só terá amor se ignorar suas necessidades e se fizer pequena. Gostaria de gritar de cima dos telhados e do topo das montanhas que a verdade é melhor, mais calorosa, mais forte. É o único meio de você ter um ótimo casamento ou um bom relacionamento.

Uma vez tive um relacionamento com um homem cujo vício dominava nossa vida. A separação foi devastadora e profundamente dolorosa. Mas mais doloroso do que ir embora foi encarar o real motivo que me levou a ficar com ele por tanto tempo. Por que eu permanecera ao lado de um homem cujo amor e lealdade eram voltados para seus vícios? Por que eu mentia para mim mesma enquanto deixava as mentiras dele aflorarem? E, enquanto aquelas mentiras cresciam, eu ia sendo morta, pouco a pouco. A vida – o verdadeiro viver – havia parado para mim. O *eu* que eu julgava ter estava evaporando. Eu ia murchando, lenta e irrevogavelmente. Não me reconhecia mais – e como poderia? Eu não existia mais.

A cada dia eu o ajudava a vestir seu disfarce, me certificava de que sua aparência falsa estava em ordem, de que sua capa estava bem arrumada, de maneira lógica e inquestionável. Eu deixava que ele mentisse para mim sobre quem ele era de fato e sobre o que realmente valorizava, e o apoiava enquanto ele mentia para todos os que julgavam conhecê-lo bem.

Ficar com aquele homem quase me matou – quase esmagou meu espírito brilhante e íntegro e mexeu com minha mente saudável. Ele queria roubar minha essência, e por muito tempo eu o deixei fazer isso. Onde estava eu em minha vida, dedicando tanto tempo, energia e esforço a um homem que não me respeitava nem me valorizava? Como eu, uma profissional de grande experiência, com habilidades que julgava quase infalíveis, havia me envolvido com tamanho impostor?

Por que eu insistia num relacionamento com um homem capaz de me ferir tão profundamente, que me fazia sentir vergonha por querer uma vida normal? Como eu podia achar que não havia problema em ficar com uma pessoa que caçoava e cutucava as feridas de minhas inseguranças? Ele me dizia que eu não era lá grande coisa como mulher e me criticava cruelmente. Eu cedia meu poder, achando que o acalmaria, e isso de fato o acalmou, por algum tempo. Mas a cada dia eu precisava existir cada vez menos. Eu tentava ser melhor, tentava ser mais feliz. Comia migalhas e, enquanto isso, tentava parecer saciada e satisfeita. Tentava ser mais compreensiva e tolerante. Eu procurava fazer dar certo uma coisa que não tinha sentido. Hoje percebo que, com todo o meu esforço e minha devoção, ele nunca me compreendeu realmente, muito menos me amou. Quando se cansou da forma como meu desejo de aproximação se chocava com seu desejo de distanciamento, ele simplesmente me apagou – de seu celular, de sua caixa postal, de sua vida – e me trocou por outra mulher e por uma vida nova.

Ser apagada foi meu pior pesadelo, literalmente, mas também salvou minha vida. Aquele momento de uma verdade crua, irreprimível, me deixou atordoada, e eu corri atrás da luz. Pela primeira vez na vida me perguntei: *Eu sou suficiente para mim mesma? Eu posso ser inapagável?*

Fui criada numa família em que as mulheres (muito *sábias*, devo acrescentar) existiam apenas como reflexo de homens fortes e bem-sucedidos. Embora, felizmente, a maioria desses homens fosse gentil (como meu pai), era doloroso ser uma sombra. Todas nós aprendíamos a ser muito boas em mostrar um sorriso congelado e a enfeitar a sala com sorrisos que haviam sido impregnados pela história. O importante era manter o relacionamento, pois esse seria o único modo, acreditávamos, de nossa existência ter algum significado. Fingir era nosso *modus operandi*. Poderíamos beber cianeto e dizer que era refrigerante, tamanho era nosso auto-engano. E foi assim que aprendi, mais tarde, a andar na escuridão e a chamá-la de luz. Eu havia aprendido a fazer isso. Não tinha certeza do que era real e do que não era. Eu não sabia se era capaz de ficar no inverno da solidão e criar meu próprio calor.

Estou feliz por dizer que os velhos padrões familiares que nos mantêm reféns podem ser quebrados. E, quando isso acontece, é possível criar alicerces firmes de verdade sobre os quais é possível construir uma vida e um casamento.

Quando resolvi não deixar mais as mentiras me dominarem, precisei aprender a caminhar na verdade, por mais difícil que fosse a estrada e mais longa a jornada. Eu sabia que, se me alinhasse com a verdade, seria guiada, apoiada e conectada. E eu tinha razão. Caminhar na verdade mudou radicalmente minha vida. Fiz uma aliança comigo mesma. Jurei ficar em pé diante do altar da verdade e me comprometer com a pura e simples sinceridade. Escolhi fazer da verdade a parceira mais importante de minha vida.

Hoje, só quero estar ao lado de um homem que me respeite e me honre, e a quem eu também respeite e honre, um homem sábio o suficiente para não perder tudo por causa de um vício. Eu jamais ficaria com alguém que tivesse de escolher entre mim e uma substância ou outra mulher. Só ficaria com um homem sexual e emocionalmente fiel, por ser a fidelidade parte de seu sistema de valores; um homem que escolhesse viver mais na verdade do que na mentira, por estar a verdade presente em cada fibra de seu ser.

Com este livro, convido você a fazer a mesma escolha. Mas você deve começar com uma cura interior para alcançar a plenitude que o mundo não lhe deu – e que, quando você tem, ninguém pode tirar. Ela pertence a você, como uma empresa da qual você possua 100% das ações.

Junte-se a mim nessa jornada de descoberta, fazendo da curiosidade sua amiga e deixando para trás a vergonha e as críticas. Se você fizer esse investimento em si mesma, receberá o maior retorno de sua vida: terá de volta seu verdadeiro *eu*. Você nunca mais será posta à venda nem será trocada como um bem de consumo. Sendo a única dona de sua vida, você tomará decisões sábias quanto a onde e como partilhar e usar sua riqueza emocional, espiritual, financeira, física e sexual. Você merece esse investimento. E merece viver o melhor de sua vida.

De hoje em diante

Quando eu descobrir quem sou, estarei livre.
– *Ralph Ellison*

Era um lindo dia para um casamento. A igreja estava cheia de amigos e familiares felizes. A noiva estava deslumbrante em seu vestido de cetim marfim, o noivo elegante em seu *smoking* preto e justo. Por toda parte, ao redor dos dois, viam-se os convidados em uma nuvem colorida de tafetás e vestidos longos. Diante do padre de cabelos grisalhos, o casal se entreolhou. Em seguida, cada um pronunciou os votos que havia escrito:

"Você será meu melhor amigo", ela prometeu, "com exceção da Márcia, que sempre será minha *melhor* amiga. E de meu pastor alemão, Spike, que vai dormir aos pés de nossa cama."

"Prometo cuidar de você e só desejar o que for bom para você", ele respondeu, "desde que seja bom para mim também e não inclua visitas freqüentes de sua mãe."

"Vou valorizá-lo pelo que você é", ela disse, "mas, quando estivermos casados, espero que você beba menos, trabalhe mais, comece a mostrar algum interesse por arte e tire essa barba."

"O que é meu será seu", ele continuou, "exceto o dinheiro que você nem sabe que existe e as economias que eu vou guardar em uma conta particular, caso as coisas não dêem certo."

"Prometo amá-lo incondicionalmente", ela disse, "até você fazer algo que eu ache intolerável; prometo perdoar e esquecer, embora você saiba que eu venho de uma família famosa por guardar rancor e por não levar desaforo para casa; e prometo nunca ir dormir com raiva, mesmo que eu passe a noite inteira soltando fogo pela boca."

"Vou adorá-la para sempre, de corpo e alma", ele disse, "enquanto você continuar com esse corpinho nota dez."

"Prometo tratá-lo com carinho até o resto de nossa vida", ela respondeu, com lágrimas de felicidade nos olhos, "ou até que eu não consiga mais suportá-lo."

Essa troca de promessas pode parecer cômica, mas, em meu trabalho como conselheira de casais, vejo com freqüência que pensamentos desse tipo e um monte de "mas/se" se escondem logo abaixo da superfície dos votos matrimoniais. As pessoas fazem promessas que não podem cumprir e falam palavras bonitas que nem sequer entendem ou nas quais não acreditam, na esperança de que a aura mágica da linda cerimônia de casamento baste para levar a vida a dois e deixar sempre tudo bem.

O que aconteceu, afinal? Os dois mentiram diante do altar, forjando um relacionamento verdadeiro, criando histórias que esperavam dar certo um dia. Naufragaram no mar de amor, foram levados por uma correnteza de sentimentalismo e emoção que cedo ou tarde os levaria de volta a uma costa rochosa, em uma esmagadora onda de realidade. Foram apenas espectadores de sua própria cerimônia de casamento, pronunciando votos que escreveram sem jamais admitir a verdade de seu relacionamento e de sua vida. Trocaram um dia glorioso por anos de amarga luta. Pelo menos metade dos casamentos assim não sobrevive até o décimo aniversário. Muitos casais ficam juntos, cumprindo pena até a morte, encerrados numa prisão criada por eles mesmos, sem nunca compreender como uma união que começara com tanto otimismo e alegria poderia ter dado tão errado.

Como é possível que pessoas que só querem ser felizes terminem tão entristecidas? Quais são as mentiras no altar?

Dando nome à mentira

Uma querida amiga minha terminou seu casamento depois de catorze anos e três filhos. O homem que Cheryl escolhera como marido era errado para ela em todos os sentidos. Harold tinha problemas com vícios, era infiel, manipulador e cruel. Finalmente divorciada, Cheryl se atormentava por ter feito uma escolha tão ruim. "Afinal, o que me deu na cabeça?", ela me perguntou. "Como eu pude casar com um homem assim?" Eu respondi: "Você estava apenas mentindo no altar. Não por ser má, mas porque não sabia o que estava dizendo".

Ela ficou chocada. "Mentir" é uma palavra pesada, e Cheryl insistiu que realmente acreditava nos votos que fizera: "Eu falei a sério quando prometi ficar com ele até a morte". E acrescentou, em voz baixa: "E quase morri".

Qual foi a mentira de Cheryl? Não foi consciente nem deliberada, e sim o resultado da inconsciência. A mentira dela começou com o auto-engano de que Harold não era quem parecia ser. Cheryl é uma das mulheres mais doces e carinhosas que conheço. Ela sempre vê o lado bom das pessoas, o que é uma qualidade maravilhosa. Mas, quando você confia em alguém que já se mostrou inconfiável, está escolhendo uma forma perigosa de cegueira. Harold já havia revelado com letras garrafais sua verdadeira natureza antes de os dois se casarem, e Cheryl não viu. Ele era maldoso e controlador e demonstrava pouco interesse pelos sentimentos dela. Mesmo depois de ficarem noivos, ele sumiu por vários dias sem dizer a ela onde estava, e Cheryl tinha motivo para suspeitar que ele estivesse com outras mulheres. Quando tentava perguntar, ele a acusava de estar sufocando-o. Uma vez, ele disse: "Nem somos casados ainda, e você já quer pôr uma coleira no meu pescoço". Cheryl sempre voltava atrás, sentindo-se tola por ter dito qualquer coisa, até que por fim a falta de autoconfiança começou a se instalar em sua mente, seu espírito e seu coração. Ela, então, converteu a mentira em verdade. O padrão se repetiu no casamento. Harold fazia o que bem entendia, e Cheryl aprendera a não desafiá-lo, porque ele sempre a fazia se sentir idiota quando ela tentava.

Cheryl crescera acreditando que uma mulher tinha de se empenhar muito para se tornar desejável a um homem. Seu pai a fazia se sentir indigna, dizendo, com freqüentes insultos, que nenhum homem se casaria com ela se saísse da linha. Harold continuava o padrão, culpando Cheryl quando ele estava retraído ou zangado. "Você é que me afasta daqui", ele dizia, para explicar suas ausências. "Você me deixa tão fulo, que não é à toa que preciso beber."

Cheryl levava a sério as palavras dele e vivia tentando fazer cada vez mais coisas para agradá-lo. Mas era impossível agradar Harold. "Ele estava sempre fazendo pequenos comentários críticos sobre o modo como eu cuidava da casa ou das crianças", Cheryl me disse. "Eu nunca me sentia boa o suficiente."

Cheryl chorou ao se lembrar de um período particularmente sufocante, pouco depois de ter nascido seu terceiro filho. "Era domingo, e eu sempre fazia um grande jantar nesse dia. Depois que comemos, Harold se estirou na frente da televisão. Estava ficando tarde, eu estava exausta e tinha tanta coisa para fazer! Eu precisava cuidar de uma criança de colo, de uma que mal começara a andar e de outra, de 4 anos, que corria para cá e para lá. Então perguntei a Harold se poderia me ajudar, dando banho nas mais velhas. Ele nem desviou o olhar do programa que estava vendo. Disse apenas: 'Não estou a fim'."

Ela se lembrava daquele dia em particular porque raramente pedia ajuda a Harold, e só o fizera porque estava desesperada e exausta. A indiferença dele a feriu profundamente. "Fui direto para o banheiro e chorei como um bebê", disse, lembrando-se do episódio. "Depois, lavei o rosto, desci e limpei a cozinha. Quando terminei, dei banho nas crianças e as coloquei na cama."

Cheryl ficou realmente desesperada naquele dia, mas precisou de catorze anos do mesmo tratamento para, enfim, se separar de Harold. Por que tanto tempo? Porque ela havia feito um voto sagrado no altar e se recusava a quebrá-lo. Não entendia que uma promessa feita a uma pessoa ausente, que nem liga para você, é uma promessa vazia.

A mentira de Harold era mais direta. Ele prometera amar, honrar e respeitar Cheryl, mas desde que ela pusesse as necessidades dele em primeiro lugar e lhe permitisse fazer o que quisesse. E aí é que está a grande mentira. Mesmo quando ela fazia isso, ele não lhe dava nada em troca. Nunca expressava o menor reconhecimento. Nunca dizia que estava bonita. Nunca a abraçava nem lhe dizia que a amava.

Cheryl precisou de muita coragem para admitir a verdade e pedir o divórcio. Harold nunca entendeu. "Você acha que outro cara vai mesmo querer você?", ele disse com escárnio, enquanto ela ia embora. Ela nem se deu o trabalho de responder. De que adiantaria?

Verdade: o ingrediente secreto

Concordemos, então, que está na hora da verdade. De hoje em diante.

Mesmo que você esteja escondendo seus verdadeiros sentimentos há muitos anos, enterrando suas necessidades, guardando ressentimentos e deliberadamente negando o que sabe, você pode decidir mudar. Não importa se você já teve uma série de relacionamentos fracassados, se está sofrendo num casamento que não dá certo ou se é divorciada e espera um dia tentar de novo.

Você pode fazer um esforço consciente de abandonar esse pesado fardo. E veja que fato surpreendente: por mais que seja difícil de acreditar, você pode encontrar o amor enquanto encara a verdade. Ela é o ingrediente secreto de todo bom casamento.

Talvez você esteja planejando se casar enquanto lê isso e tenha esperanças de um amor eterno. Você quer saber como evitar as constantes lutas de poder e a infelicidade que já viu nos casamentos de amigas e familiares. Se espera mesmo viver feliz, terá de confiar na verdade. Terá de acreditar que a verdade lhe permitirá alcançar uma vida cheia de alegria muito mais do que a mentira o faria. Aliás, a verdade é o *único* modo de criar amor duradouro, segurança e paixão real.

Deixe-me ajudá-la. A verdade *de fato* a libertará.

Acorde

Muitas vezes parece mais fácil se apegar a uma fantasia do que acordar para a realidade. Mas, quando você acorda, é difícil voltar a dormir. E, quanto mais tempo ficar em estado de vigília, melhor e mais natural ele parecerá.

O primeiro passo é começar a examinar seu relacionamento – o atual ou aquele que não deu certo no passado – e fazer a si mesma algumas perguntas básicas. Esse exame pode expor algumas realidades dolorosas, mas tente evitar sentimentos de vergonha ou culpa. A vergonha ("Eu sou uma pessoa má") oferece uma zona de conforto para muita gente, torna-se uma desculpa para desistir. A culpa ("Ele ou ela é uma pessoa má") pode dar uma sensação de satisfação temporária, mas não aproxima você da verdade. Vergonha e culpa são saídas de um relacionamento. Elas matam seus sonhos, seu espírito e sua paixão. Convido você a permanecer no recinto e acordar.

Enquanto estiver lendo as Dez Maiores Mentiras que seguem e suas verdades correspondentes, aprenda a reconhecer a diferença entre mentira e verdade e a fazer um teste de realidade em sua vida.

1. **Mentira:** Se o embrulho é bonito, o conteúdo é fabuloso.
   Verdade: O embrulho não diz o que há dentro.

"Ela não é meu tipo", meu amigo Gerald disse de Irma, a mulher que ele vinha namorando havia cinco anos. Fiquei surpresa ao ouvir aquilo. Gerald e Irma sempre pareceram estar em perfeita sincronia. Os dois participavam de atividades comunitárias, gostavam de trabalhar na casa velha que haviam comprado, adoravam crianças e tinham um senso de humor semelhante. Irma se dava bem com a grande família de Gerald, e ele era chegado aos pais dela.

"Você e Irma parecem muito bem juntos", eu disse. "Diga-me por que ela não é seu tipo."

Gerald sacudiu os ombros. "Sei lá. Eu sempre achei que ficaria com uma pessoa diferente. Prefiro mulheres pequenas, porque não sou muito alto, e Irma é alguns centímetros mais alta que eu. Além disso, eu sempre me vi com alguém que seja meio artista, não uma contadora como Irma."

"Sério?", perguntei, achando que era brincadeira. Não era. Quando ele rompeu com Irma alguns meses depois, ela ficou perplexa, assim como a família e os amigos de ambos. Enquanto Irma afogava as mágoas, Gerald começou a namorar uma dançarina que conhecera numa festa. Era pequena, tinha personalidade artística e dez anos a menos que Irma. Seis meses depois, Gerald e a dançarina se casaram.

Não foi uma grande surpresa quando Gerald me ligou um ano depois, querendo conversar sobre seu casamento. "É como viver numa zona de guerra", ele disse, com amargura. "Ela briga comigo por qualquer coisa. Odeia a casa, se recusa a ver minha família e só quer sair com as idiotas de suas amigas dançarinas. Agora está me dizendo que não quer ter filhos."

Senti muito pela dor de Gerald, mas era o resultado inevitável de sua fantasia. Ele havia escolhido o embrulho ideal, mas quando o abriu não gostou da mulher que estava dentro. Infelizmente, ela não era seu tipo.

A maioria das pessoas não pretende ser fútil na escolha de um parceiro ou parceira. A fachada é importante, porque é aquilo que você vê primeiro no momento da atração. Ela é também terrivelmente sedutora. Quando uma mulher bonita ou um homem bonitão escolhe você, é demais! Quando essa pessoa é rica, realizada ou famosa, você se sente por cima. Esses sentimentos não são errados. O problema é que muitas pessoas não cavam um pouco mais fundo.

Conheço uma mulher que rompeu com o homem que vinha namorando havia vários anos. Já estavam noivos, mas não deu certo. A separação foi amigável, e eu perguntei se eles continuariam amigos. Ela disse: "Não. Ele não é uma pessoa que eu escolheria como amiga." Pensei: "Puxa!" Ela era noiva de um homem que nem sequer era seu amigo. A atração não passava do nível da pele.

Se você se apaixona pelos olhos azuis e sensuais dele ou pelo cabelo ruivo e sedoso dela, o despertar vai ser árduo mais tarde. Se você não se casa com a alma de seu parceiro ou parceira, não haverá nada para segurar os dois quando a fachada se tornar menos atraente. Confie em mim, é assim mesmo. Penso na mulher sentada em meu consultório, debulhando-se em lágrimas porque, após seis anos de casamento, seu marido lhe disse que sentia aversão física por ela. Ela era magra quando haviam se casado, mas ganhou dez quilos após ficar grávida duas vezes. Ele interpretava aquilo como uma ofensa pessoal, dizendo: "Quando nos casamos, você sabia que, se engordasse, quebraria o acordo".

A vida traz dificuldades, doenças, envelhecimento e estresses que escapam à nossa capacidade de prever. O corpo fica flácido e o cabelo cai. As pessoas querem dar o melhor de si quando estão namorando, mas precisam ver uma à outra como elas são por baixo da fachada.

Pergunte a si mesmo: Você gosta do que vê *por dentro* tanto quanto do que vê *por fora*?

---

2. **Mentira:** O passado já se foi.
   Verdade: É o passado que leva você à igreja.

"Minha vida começa mesmo no dia do meu casamento", Stacey me disse com firmeza, explicando por que não ia contar ao noivo, Frank, sobre a criança que tivera fora do casamento, aos 16 anos, e que entregara para adoção. Ela queria fechar permanentemente a porta para seus antigos erros e recomeçar a vida com o homem que amava.

"A pergunta é: *por que* você não quer contar a ele?", eu disse. "Você tem medo de cair no conceito dele ou de que ele considere isso uma coisa vergonhosa, quando na realidade é sagrada e significativa? O que isso lhe revela a respeito dele? E de você? Por que você está disposta a levar para o túmulo sua história tão sagrada?"

Stacey esperava se apresentar diante do altar "renovada e melhor", sem a bagagem do passado. A vida não funciona assim. Quando dizemos "Minha vida começa aqui", nós negamos a realidade de que o passado é a limusine que nos leva à igreja.

Depois de nossa conversa, Stacey resolveu contar a Frank sobre o bebê. Era um risco grande, porque, embora confiasse nele, ela sentia que aquele segredo era tão grande que poderia estragar tudo. Mais tarde, ela me telefonou para dizer o que havia acontecido. Estava com a voz trêmula.

"Ele me abraçou", ela exclamou e começou a chorar. "Ele disse: 'Deve ter sido tão difícil para você!'" Ela mal podia acreditar na reação de Frank, em sua capacidade de encarar a situação com empatia. Em um instante, aquilo mudou a vida dela e eliminou sua vergonha. Stacey não havia percebido que a vergonha não era algo evocado por *ele*, mas o que ela carregara consigo como resultado da reação de sua família à gravidez na adolescência e posterior entrega da criança à adoção. Eu chamo isso de vergonha paga com juros.

Um casal me procurou à beira da separação. Amy dizia que não confiava no marido, John. Quando tentei descobrir o que desencadeara essa falta de confiança, foi revelado que John dissera uma grande mentira no começo do relacionamento. Embora houvesse se casado e divorciado duas vezes, ele disse a Amy que só havia se casado uma vez. Temia que ela não se interessasse por ele se soubesse a verdade. Infelizmente, Amy ficou sabendo do segundo casamento dele no pior momento possível: quando estavam providenciando a documentação necessária para o casamento. Ela ficou chocada, mas não puxou o freio. Não disse: "Espere aí. Quem é você, afinal? Vamos adiar o casamento alguns meses até eu descobrir".

Ela se convenceu de que aquela mentira não era importante. O casamento aconteceu conforme planejado, mas, desde o primeiro dia, ela não confiava mais em John. Ele, por sua vez, escondia outros detalhes dela.

"Eu não quero mentir", John disse, "mas... não sei." John olhou para mim, como que indefeso.

"Você tem medo de que, se ela conhecer você de fato, não vai querê-lo", eu disse.

Ele sacudiu os ombros, sem saber o que responder. Amy se pronunciou: "Você não percebe que são as mentiras que me incomodam?" Ela estava pronta para a verdade, reconhecendo que essa era a chave para a intimidade. Nos meses seguintes, Amy tentou mostrar a John que ele estava seguro com ela e não precisava temer o abandono.

É uma fantasia achar que o passado não precisa ser lembrado, que não vai interferir no relacionamento. Não estou dizendo que você deve dar a seu parceiro ou parceira um relatório completo de tudo que já fez na vida. Mas, se esconder passos importantes, estará deixando de fora partes essenciais de si mesmo. E, se você não lidar com o passado, o passado lidará com *você*. Como explica com maestria o dr. Harville Hendrix, criador da Terapia de Relacionamentos Imago e um dos mais respeitados gurus nessa área, a maioria das lutas de poder destrutivas travadas entre o casal é resultado de feridas e decepções mal resolvidas desde a infância.

Pergunte a si mesmo: Você se apresenta de maneira total e sincera, ou vive com medo de que seu parceiro descubra seu eu "verdadeiro"?

3. **Mentira:** Qualquer coisa é melhor do que estar só.
Verdade: Estar só e livre é melhor do que estar com alguém e ser controlado.

Charlene estava divorciada havia dez anos e criava a filha sozinha. Toda a responsabilidade recaía sobre seus ombros. Ela vivia preocupada, tentando conciliar as coisas, e corria atrás de babás quando precisava trabalhar até mais tarde. À noite, exausta, ela deitava na cama e chorava em silêncio, cansada de carregar todo o peso sozinha. Um dia ela conheceu um homem que parecia forte e confiante. Ele entrou na vida dela e lhe disse que cuidaria de tudo. Charlene se sentiu muito aliviada e se entregou completamente a ele. Finalmente, poderia relaxar. Mas ela não percebeu que alguém no controle não é o mesmo que alguém dando amor e apoio. Logo, ela começou a se ressentir do controle dele. Ficou assustada com tantas expectativas da parte do novo marido. Aquele novo casamento, de repente, se tornou sufocante.

Tentando entender como entrara naquela encrenca, Charlene acabou enxergando. Era como se estivesse viajando há muito tempo, dirigindo numa estrada longa e interminável, tarde da noite. Vencida pelo cansaço, resolvera parar no acostamento para descansar, sentindo que não era capaz de prosseguir. De repente, alguém apareceu, quase por magia, e disse: "Feche os olhos. Descanse. Não se preocupe. Eu dirijo agora". E ela então pôde relaxar e cair num sono profundo e delicioso. Era tão gostoso! Quando acordou, refeita, estava pronta para dirigir de novo. Queria pegar o volante, participar da diversão e até da responsabilidade de dirigir, mas as coisas haviam mudado. O novo motorista disse: "Não, eu dirijo. Durma um pouco mais". E, quando ela retrucou que não precisava dormir mais, seu novo companheiro lhe deu um tapinha amistoso na mão, sorriu com sabedoria e continuou dirigindo. "Dormir no volante" adquiriu um significado totalmente novo para Charlene.

Pergunte a si mesmo: Você está acordado e tem participação ativa em seu relacionamento, ou abriu mão do controle por cansaço ou medo?

4. **Mentira:** Você tem de ceder para se dar bem.
   Verdade: Em um bom casamento, você pode pedir o que precisa sem medo de rejeição.

Eu venho de uma boa família. Isso quer dizer que mostrar uma carinha alegre em todas as situações é tido como algo de grande valor. Quando éramos crianças, aprendemos a colocar os outros em primeiro lugar. Isso significava brincar com crianças de que não gostávamos, só porque estavam sozinhas, ou perdoar seu comportamento indelicado porque tinham problemas em casa. O resultado foi que nunca aprendi a valorizar minhas necessidades, e eu me convencia facilmente de que não queria e nem mesmo precisava do que eu achava que queria ou precisava. Aprendi a fazer uma ginástica mental que me qualificaria para as Olimpíadas, se a categoria "fingimento" fizesse parte da competição. Fingia estar feliz quando não estava, fingia ser grata por migalhas quando merecia uma refeição completa. Quase por reflexo, eu dava às outras pessoas *mais* do que o benefício da dúvida, pensando: "Bem, ele pode ter razão", ainda que no íntimo minha intuição gritasse: "Não, não!" Por fim, um analista amigo meu me disse à queima-roupa: "Robin, você pode ter preferências!" Quando caiu a ficha, era como se eu estivesse sendo libertada. Então eu não precisava brincar com alguém de quem eu não gostasse ou fazer coisas que eu não queria fazer? Eu não precisava mais me convencer de que gostava da vida de festas, quando uma noite tranqüila em casa era mais a minha cara. Lembro-me de uma amiga me dizendo que, embora adorasse ir aos clubes de *jazz*, tinha medo de que seu namorado a achasse esnobe se admitisse que amava sinfonias também. No filme *Noiva em fuga*, Julia Roberts interpreta uma mulher que não sabe como prefere comer ovos, porque sempre os pede do jeito que o homem em sua vida quer. O que causa tanta confusão interior e falta de amor-próprio?

O desafio é descobrir quais são suas preferências, examiná-las e então reconhecê-las, para poder finalmente oferecer seu verdadeiro eu.

Pergunte a si mesmo: Seu parceiro ama e respeita as diferenças entre vocês, ou faz pouco caso das coisas de que você gosta e faz suas preferências parecerem tolas, esnobes ou loucas?

5. **Mentira:** É importante estar certo.
   Verdade: É mais importante ter uma relação autêntica.

Ao se casar, você forma uma união nova, que nunca existiu. Você entra num território inexplorado, que pode ser ao mesmo tempo excitante e assustador. Diante do desconhecido, é normal que o ser humano procure alguma coisa familiar como guia. Enquanto você desenha o novo mapa de sua união, é natural consultar os mapas familiares que você já conhece. Não há problema nisso, é até saudável. Essa é sua primeira oportunidade de aprender algo acerca de si e do parceiro. Mas o que acontece se o parceiro anunciar que o mapa familiar dele deve ser usado como a autoridade no casamento? Em vez de redesenhar o mapa para encaixar os parâmetros do território, ele quer forçar o território a se moldar num mapa pré-desenhado. Na prática, o parceiro inflexível está dizendo: "Minha família sempre fez assim, e sempre deu certo para nós". Esse impasse reflete o ponto cego do parceiro. Esse tipo de ignorância e arrogância tira do casal a habilidade de ter um casamento maduro fundamentado nos valores partilhados de verdade, respeito e amor.

A inabilidade de integrar novas informações ao mapa do casamento é parte daquilo que mata o relacionamento. Eu chamo isso de arrogância de estar certo. Costumo perguntar aos casais que se encontram em posições de entrave: "Vocês querem estar certos, ou querem um relacionamento?" Eles quase sempre dizem: "Queremos um relacionamento", afinal, esse é o motivo de estarem em meu consultório. Mas geralmente a verdade é que eles querem estar certos. E como eu sei? Após semanas e meses de conversa, nenhum dos dois se desvia de sua posição inicial. Nossas sessões giram em torno de encontrar novos meios de eles explicarem e justificarem seus diferentes pontos de vista. Mudança não é uma opção. Eles estão apenas esperando a outra pessoa gritar: "Tudo bem. Eu desisto. Chega".

Numa pesquisa revolucionária sobre o que faz um casamento durar, o dr. John Gottman descobriu que um dos principais fatores de um casamento bem-sucedido é a capacidade de se abrir para a influência do parceiro. Isso não significa ser vazio ou se deixar ser facilmente controlado. Significa estar aberto para novas informações, disposto a redesenhar o mapa conjugal para acomodar os dados de entrada da outra pessoa e aceitar o dom de expandir a própria visão do mundo pela influência do parceiro.

Pergunte a si mesmo: Você ou seu parceiro se interessam mais em estar certos do que em ter um relacionamento?

---

6. **Mentira:** Você pode aprender a abrir mão de suas vontades e, mesmo que esse ato perturbe sua alma e o faça sofrer, chamar isso de amor.
   Verdade: Sofrimento não é amor.

Quando Martha conheceu Theo, ela tinha 53 anos e se sentia forte e segura quanto às suas necessidades. Era divorciada, havia sete anos, de um homem com quem se casara quando era muito jovem. "Cometi todos os erros possíveis", ela disse. "Casei logo que saí da faculdade, e nenhum dos dois se conhecia direito nem sabia o que queria. Quando percebemos que não queríamos um ao outro, já tínhamos dois filhos. O divórcio foi extremamente difícil, mas era a decisão certa para nós dois. Quando conheci Theo, sabia quais eram minhas necessidades. Tinha minha lista de itens negociáveis e inegociáveis, mas de repente me desliguei dela. Vivia dizendo a mim mesma que as coisas eram aceitáveis, quando na verdade não eram."

Em um período de três anos, Martha viu sua lista de itens inegociáveis encolher até chegar a nada. Sempre existiam circunstâncias atenuantes, e ela se esticava até quase o ponto de ruptura para satisfazer Theo.

Quando ele se recusou a deixar que a filha e a neta de Martha lhes fizessem uma visita de uma semana, porque não suportava o barulho e a bagunça causados por um bebê, ela disse à filha para não ir, embora estivesse feliz por ser avó e tivesse vontade de passar algum tempo com ela.

Em outra ocasião, quando ele brigou com amigos do casal e resolveu cortar relações com eles, ela chorou e implorou que voltasse atrás, mas Theo se recusou. Ela, relutante, ficou ao lado dele.

Quando ele se excedia na bebida, ela culpava o estresse no trabalho, embora houvesse jurado que jamais se casaria com um homem que tivesse problema com bebida.

"Meu mundo estava encolhendo até o tamanho de uma bolinha de gude", Martha disse, "mas eu vivia dizendo a mim mesma que por ele valia a pena."

"Valia a pena destruir sua felicidade?", perguntei. "Valia a pena a alienação de seus amigos e familiares? Valia a pena você perder seu auto-respeito?"

Martha se envergonhava por ter ignorado tão facilmente suas próprias necessidades logo que se casara com Theo, mas não queria ficar sozinha de novo. Ela se consolava com a justificativa de que o casamento envolvia concessões, e ela podia viver com isso. Um dia, porém, Theo sugeriu que, como tudo no casamento dos dois estava bem, exceto a vida sexual, ele poderia procurar sexo fora de casa para tirar a pressão dela. "E eu cheguei a considerar essa possibilidade!", ela disse. "Foi então que percebi que havia perdido de uma vez minha orientação interior."

Vejo, com freqüência, que as pessoas, principalmente as mulheres, entram no casamento sem saber quais são suas necessidades ou nem sequer pedir aquilo de que precisam. Mas, mesmo quando você conhece suas necessidades, é fácil deixá-las de lado se você tiver medo de rejeição, solidão ou conflito.

Pergunte a si mesmo: Você fez concessões que, algum tempo atrás, teriam sido impensáveis, ou aceitou o inaceitável por causa do medo?

7. Mentira: "Somos você e eu contra o mundo."
Verdade: Você não pode ter um bom casamento se viver num abrigo subterrâneo.

Eu estava um dia numa loja de departamentos, quando encontrei uma velha amiga de minha mãe, que havia anos que eu não via. Mary parecia ótima. Andava mais reta, e seus olhos brilhavam. E estava usando um conjunto vermelho da moda.

Mary me cumprimentou com um grande sorriso e um abraço, depois disse, para minha surpresa, que seu marido, George, havia morrido três meses antes. "Puxa, Mary", eu disse. "Sinto muito, eu não sabia."

"Tudo bem, Robin", ela respondeu. "Eu não estou sofrendo. Na verdade, voltei a estudar. Vou fazer meu mestrado em história das mulheres. Pretendo lecionar. Estou indo bem. Aliás, mais do que bem."

Ela hesitou antes de me dizer, com todas as letras: "Estou livre. Durante 56 anos, fui a criada, a escrava de George. Eu lhe dei toda a minha vida. E agora, nos anos que me restam, vou cuidar de mim. Estou aliviada. Ainda bem que ainda tenho algum tempo para mim neste planeta".

Gostei muito da sinceridade brutal de Mary, mas suas palavras me deixaram triste. Pensar que uma mulher tão entusiasmada havia entregado décadas de sua preciosa vida daquela maneira, e eu nem notara! Ela guardara seu segredo muito bem. Tinha vivido trancafiada num abrigo subterrâneo com um capataz cruel, e nem seus amigos mais íntimos perceberam.

Se seu parceiro exige que você corte seus outros vínculos, se seu mundo fica menor porque você se apaixonou, se em seu íntimo você sente vergonha e medo, não pode ter um bom casamento. O isolamento lhe garante uma boa defesa. No segredo, na escuridão, você não precisa mostrar sua dor. Uma vez que você fale dela e a exponha, então terá de enfrentá-la.

Pergunte a si mesmo: Seu amor é expansivo e livre, ou não deixa você respirar o oxigênio do mundo?

---

8. **Mentira:** Se vocês dois acreditam no mesmo Deus, terão os mesmos valores.
Verdade: Valor é o que você vive, não aquilo em que acredita.

O que de fato significa ter os mesmos valores? As pessoas me dizem, às vezes, que se casaram com alguém que era de sua igreja, sinagoga ou mesquita porque tinham os mesmos valores. Depois, porém, descobriram que a outra pessoa não era gentil nem tinha consideração pelos outros. Ouvi falar de pessoas que se casaram com alguém que tinha a mesma ideologia política, só para mais tarde se surpreenderem quando o cônjuge politicamente correto se mostrasse menos tolerante na vida particular.

Valor é uma coisa mais profunda que orientação religiosa ou partido político. Os valores são o DNA – ou a Dominante e Natural Atitude – de seu relacionamento. Eles se refletem no modo como você encara a vida, se você é otimista ou amargurado, altruísta ou egoísta, se tem a mente aberta ou estreita, se julga ou perdoa.

Julie foi criada numa família grande e religiosa. Sua mãe havia incutido nas filhas a noção de que ela passara a vida toda com um único homem – o pai delas – e que aquilo era um sinal de caráter moral. Julie queria poder dizer a seus futuros filhos que ela também passara a vida toda com um único homem. Assim, quando fez sexo com Robert, ela sabia que teria de ser esposa dele, garantindo a atitude moral que faria dela um modelo para os filhos.

Nos anos seguintes, ela pôde realmente dizer às filhas, como sua mãe o fizera, que o único homem com quem ela tivera relações fora o pai delas. Não era capaz de dizer, porém, por que o papaizinho delas era tão maldoso, nem por que ele ficava fora até tarde tantas noites, nem por que ela chorava tanto.

Pergunte a si mesmo: As atitudes e o comportamento de seu parceiro lhe dão alegria e inspiração, ou deixam seu estômago embrulhado e lhe drenam o espírito?

---

9. **Mentira:** O casamento muda as pessoas para melhor, como que por um passe de mágica.
   Verdade: A pessoa no altar será a pessoa que toma café-da-manhã com você todos os dias.

Quantas não são as pessoas que vão ao altar acreditando que a santificação do casamento mudará o parceiro para melhor? Alguns chamam isso de fé. Eu chamo de negação resoluta.

Se ele é controlador antes do casamento, como você pode saber que não será controlador depois?

Se ela não gosta de sexo antes do casamento, como você pode saber que vai gostar depois?

Se ele não pára em emprego algum antes do casamento, como você pode saber que isso vai mudar depois?

Se ela bebe demais antes do casamento, como você pode saber que vai beber menos depois?

Se seu parceiro tem só uma perna, você não diz: "Espero que nasça outra perna nele". Simplesmente você sabe: "Estou me casando com uma pessoa que só tem uma perna". Mas nós nem sempre aplicamos essa lógica à vida íntima. Quando se trata de casamento, às vezes esperamos que uma pessoa emocionalmente desanimada, espiritualmente vazia, má e egoísta se transforme depois da cerimônia e que nasça uma nova perna no relacionamento. Não vemos a pessoa como ela realmente é. E é vital que vejamos!

Pergunte a si mesmo: Você ama a pessoa que você vê hoje, ou a pessoa que espera que ela se torne se você pressioná-la e atormentá-la ou se insistir e implorar até que ocorra uma mudança?

10. **Mentira:** O casamento é uma passagem automática de ida para a auto-estima.
    Verdade: Você precisa estar inteiro antes de se unir a alguém.

"Eu achava que ele era legal", Gillian disse a respeito do homem com quem se casara. "Legal...", ela balançou a cabeça, não acreditando que tivesse pensado tal coisa. "Eu não estava apaixonada quando me casei com Sam. Não sentia paixão por ele. Acho que me casei porque estava com 29 anos e não sabia se teria outra chance. Os homens que mais amei me deram um fora, então achei que aquilo era a melhor coisa para mim."

Agora, com 43 anos e mãe de uma garota de 13, Gillian estava deprimida ao ver como os anos haviam passado rápido sem melhora alguma no relacionamento. Eu lhe perguntei por que ela fora ao altar com um homem que não amava.

"Acho que tem a ver com minha baixa auto-estima, principalmente em relação ao corpo", ela admitiu. "Quando criança, eu era gorda. Embora tivesse emagrecido bastante, ainda tinha muita celulite e me achava flácida. Quando um relacionamento terminava, eu sempre sentia que era porque os homens queriam alguém com um corpo melhor, embora ninguém nunca dissesse isso."

De certa forma, Gillian acreditava que o casamento a deixaria segura e levantaria sua auto-estima. Em público, ela e Sam eram o retrato de um casal sólido, mas na vida privada não havia nenhuma ligação verdadeira entre os dois. Eles tinham um relacionamento frio, formal, até o sexo era superficial. Gillian sabia que Sam tivera pelo menos dois casos extraconjugais e pensara em deixá-lo, mas resolvera ficar por causa de sua filha e porque acreditava que nenhum outro homem a desejaria.

"Diga-me uma coisa", eu disse, gentilmente. "Você gostaria que sua filha tivesse um casamento como o seu?"

Gillian pareceu chocada com a pergunta e de repente começou a chorar. A pergunta havia tocado um ponto delicado. Quando ela imaginou sua filha vivendo uma vida tão árida, ficou horrorizada.

"Por que você acha que *você* merece isso?", perguntei.

Aquele foi um momento decisivo para Gillian.

Se você consegue responder "sim" a essa pergunta e quer que sua filha tenha um casamento como o seu, então está tudo maravilhoso. Mas, se sua resposta for "não", você tem de pensar no significado dela e decidir o que deve fazer para mudar, para que seu filho ou sua filha não veja o casamento como um cenário de tristeza, submissão ou abdicação da identidade pessoal.

Pergunte a si mesmo: Seu casamento faz você se elevar, ou o empurra para baixo?

Sofrendo as conseqüências

Responder a essas perguntas sem culpa ou vergonha é um bom primeiro passo para você dar uma boa olhada em si próprio e em seu relacionamento. Você pode descobrir mentiras ocultas que o impedem de alcançar a felicidade e a intimidade que procura. O que vai fazer com esse conhecimento?

Você tem três escolhas:

- ✓ continuar sofrendo;
- ✓ procurar realizar sua fantasia fora do casamento ou do relacionamento, o que sempre leva a mais dor, drama e trauma;
- ✓ descobrir o que acontece quando você vive na verdade.

As pessoas costumam me dizer que mudar velhos hábitos é difícil, ou que são velhas demais para mudar. Mas nada é mais exaustivo do que tentar forçar um relacionamento no caminho do "felizes para sempre", quando a verdade é um hóspede indesejável em sua casa. Saiba que as mentiras levam à dor, e a verdade pode abrir sua vida para a felicidade. Se você está tentando desesperadamente manter viva a ilusão, você vai sofrer.

Eu ouço as pessoas dizerem: "O casamento é uma luta", como se esse fosse o propósito primário dele. Penso em Rhonda e Edward, um casal de meia-idade que foi procurar meus conselhos. Eles radiavam infelicidade pelos poros. Ela estava zangada e ele mal-humorado. No começo da sessão, Rhonda disse que, apesar dos problemas, eles estavam decididos a consertar o casamento. "Eu sei que o casamento é um trabalho difícil", ela disse, num tom que transmitia exatamente o peso da carga que ela tinha de carregar.

"Qual é o trabalho difícil?", perguntei.

Ela me olhou intrigada. "Como assim?"

"Você disse que o casamento é um trabalho difícil", respondi. "Qual é o trabalho difícil?"

"Você sabe", ela respondeu, impaciente. "É uma luta. Tentar viver cada dia, tentar se relacionar bem."

"Essa não é a definição de casamento", eu disse. "Essa é a definição de sofrimento."

Se você sente que o casamento é um trabalho difícil, precisa perguntar a si mesmo:

Qual é a meta desse trabalho difícil?

Qual é a compensação?

O casamento não é algo como "cumprir uma sentença". Não é uma prisão perpétua de dor, humilhação e sofrimento. Tampouco é um trabalho cansativo. Veja só a surpreendente notícia: o amor não fere. Um bom casamento não fere.

O sofrimento ocorre quando as mentiras que você traz para o relacionamento encontram a verdade do que é viver com outro ser humano. Se você acreditar que entrará num mundo de sonhos no dia de seu casamento, que será levado até uma nuvem branca, vai doer demais quando você cair de volta a terra. O único modo de evitar o choque da dor e o latejo residual que dura anos é abandonar a fantasia romântica e encontrar sua felicidade na realidade. Acredite em mim, ela não é tão assustadora quanto parece. A realidade pode ser mais excitante e apaixonante que qualquer conto de fadas.

Não há nada errado em ter uma recaída romântica. Um surto de sentimentalismo é bom. Mas você deve saber que isso não dura muito e perceber que uma vida de felicidade precisa de uma base mais sólida.

Numa união de verdade, as necessidades dos dois podem coexistir. Vocês podem dar testemunho um ao outro e à sua vida a dois não do que fingem ser, mas do que realmente são. No espaço generoso do amor honesto, você tem permissão de existir e de deixar o parceiro ou a parceira existir. Fusão, ou uma unicidade indivisível, não é a exigência ou a meta.

Estive recentemente numa conferência em que um dos conferencistas disse: "A verdade precede o amor". "Na mosca!", eu pensei. A verdade deve preceder o amor. Do contrário, o que pensamos ser amor é apenas ilusão. A promessa da verdade é a liberdade. Você pode estar diante do altar e dizer: "Não estou aqui porque me sinto forçada. Não estou aqui porque vou morrer sem você. Não estou aqui porque é minha última chance. Não estou aqui para agradar meus pais, porque eles estão pagando tudo, porque estou com vergonha de cair fora. Estou aqui porque escolhi você. Nós agora nos revelamos um ao outro. Você me *vê*. Eu *vejo* você. E nós dizemos: 'Sim!' É um sim pleno, maduro. Nós escolhemos estar juntos". Esse é o amor maduro.

Este livro é para ajudar você a fazer melhores escolhas. Se você está procurando alguém, se está planejando se casar ou se já é casada ou casado e se sente num abismo de amargura sem fim, você pode tornar seu relacionamento mais mutuamente satisfatório e reconfortante. O amanhã pode ser melhor que o dia de hoje. Você só precisa cumprir seu dever – o dever que tem consigo e com o parceiro de construir um casamento que valha a pena ser vivido, que seja digno de sua vida, digno de sua existência.

Estar presente como adulto

> Quando eu era menino,
> falava como menino,
> sentia como menino,
> pensava como menino.
> Quando cheguei a ser homem,
> desisti das coisas próprias de menino.
> – *1 Coríntios 13,11*

Aos 23 anos, casei-me com o homem que namorava desde os 18. Achei que estava pronta. Vinha acelerada em meus estudos e em minha carreira. Formei-me no ensino médio com 16 anos, na faculdade com 20, e já havia terminado o mestrado. Meus planos de carreira iam de vento em popa, como uma banda bem ensaiada. Tinha viajado pelo mundo e fora exposta à vida em toda a sua diversidade. Considerava-me madura. Minha formatura foi num sábado, e meu casamento ocorreu no sábado seguinte.

Meu ex-marido é um homem muito bom. Assim como eu, ele veio de uma família estável e amorosa. Nossos pais já eram casados havia mais de quarenta anos. Estávamos diante do altar com toda a confiança e a expectativa do amor jovem.

Nossas intenções eram boas, mas não tínhamos a menor idéia de quem éramos, para onde queríamos ir ou o que criaríamos. Quando olho as fotos daquele dia, vejo uma jovem garota usando um lindo vestido de noiva, com um brilhante sorriso, sendo levada até o altar pelo pai. Vejo nos olhos dela o desejo de ter uma vida "feliz para sempre", enquanto posava ao lado de seu bonito marido. Mas não a reconheço mais. Aquela garota podia ter os pés no chão, a seu modo, mas não sabia o que era estar casada. Ela não sabia como satisfazer as próprias necessidades nem as do marido.

Ele me amava, mas não tinha mais preparo do que eu. Nosso casamento durou apenas cinco anos, e nosso divórcio foi traumático, como todos os divórcios, porém especialmente doloroso porque éramos tão bons amigos, tão ligados à família um do outro, e tivéramos incontáveis momentos de pura alegria. Foi algo de partir o coração de ambos, uma dissolução que causou uma dor constante, fixa. Creio que posso falar pelos dois quando digo que foi uma longa jornada até uma forma de maturidade e cura. Nós éramos indivíduos decentes, mas não adultos. Nossos votos foram sinceros, mas no fim das contas não passavam de promessas sem raiz no ser que realmente éramos e naquilo que de fato queríamos e precisávamos.

O primeiro voto de casamento deveria ser: *Eu prometo estar presente como uma pessoa adulta* – não como uma menininha realizando uma fantasia, não como um menino nervoso fazendo o que lhe mandaram, não como um príncipe encantado ou como a Bela Adormecida, não para realizar a expectativa de minha mãe, não para causar inveja em todos os amigos.

Apure a vista. Olhe bem. Quem é aquela pessoa em pé, à sua frente? Não estou falando de alguém que você visualizou como a pessoa que vai realizar seus sonhos de casamento, nem de alguém que você espera que se modifique para satisfazer seus desejos depois de casar, mas do homem ou da mulher vivos neste momento.

A imagem está borrada? Você está tratando seu casamento como um encontro às escuras? Está entrando nele às cegas? (Lembre-se de que os encontros às cegas não dão certo!) Tem perguntas que só pretende fazer após passar toda a excitação? Tem dúvidas que espera tirar só no fim da cerimônia? Pois eu tenho uma novidade para você: o momento de ver com clareza e falar diretamente é agora, antes do casamento. Eu sei como isso é difícil. Ninguém quer jogar um balde de água fria em você. Concordo que é duro cair na realidade e quebrar o encantamento, reprimir todos aqueles sentimentos calorosos e aconchegantes – não só os seus, mas os dos outros também. Dizer a verdade, porém, é o único meio de se afirmar como uma pessoa adulta e madura e dizer: *Minha vida importa... nossas vidas juntas importam, e eu respeito a nós dois.*

Agora, quero que você saiba que a moderna cultura do casamento lhe preparou uma armadilha. Você tem de estar atento, em guarda. Não é fácil ser adulto quando o mundo vive impondo uma fábula infantil. Mas as conseqüências de percorrer essa estrada falsa podem ser severas.

Na primavera de 2005, causou comoção a história de uma mulher da Geórgia, nos Estados Unidos, chamada Jennifer Wilbanks, que ficou conhecida como a "noiva em fuga". Jennifer desapareceu uma semana antes de seu casamento, desencadeando uma busca desenfreada por todo o território dos Estados Unidos. Presumia-se que a bela futura noiva fora seqüestrada enquanto fazia uma caminhada. Todos temiam um fim trágico. Mas o roteiro tradicional deu uma volta inesperada. Quatro dias depois do desaparecimento, Jennifer reapareceu em Albuquerque, Novo México. O público ficou chocado quando a verdade foi revelada: Jennifer havia realmente calçado os tênis para caminhar aquele dia, mas também levara no bolso uma passagem de ônibus. Enquanto a família e os amigos a procuravam em vão, Jennifer fazia uma viagem através do país, sem destino certo. Em palavras mais simples, ela fugiu. Nem seus amigos mais íntimos conseguiam entender. "Ela estava tão feliz", insistiam. "Eles eram o casal perfeito. Ela estava tão animada com o casamento!"

Jennifer não tinha palavras para explicar sua atitude. Talvez se sentisse sufocada pela intensidade dos preparativos para o casamento, que incluíam oito chás-de-cozinha e doze damas de honra. Talvez estivesse assustada com a enormidade do evento, com a perspectiva de seiscentos convidados. Talvez não tivesse mais tanta certeza de que queria casar.

Muitas pessoas se perguntaram por que ela simplesmente não disse que tudo aquilo era demais. Por que deixou a família, o noivo, os amigos e até o país em um suspense tão traumático e caro?

É possível que ela tenha tentado falar e suas preocupações tenham sido ignoradas. Talvez ela tenha dado um grito de socorro e todo mundo estivesse tão ocupado com os preparativos para o casamento que ninguém a tenha escutado. Talvez ela tivesse vergonha de expressar suas dúvidas porque as amigas viviam lhe dizendo como ela tinha sorte e como seria feliz. Ela estava com um homem fabuloso, de uma proeminente família das redondezas. Dizia-se que ele a adorava e faria tudo por ela. Mas será que isso incluía ouvir suas dúvidas, compreender sua ansiedade, mesmo que significasse cancelar ou adiar o casamento? Geralmente, a afirmação "farei qualquer coisa por você" exclui ouvir o que não queremos ouvir. É possível que, no fim, a pressão, o aumento da expectativa, o investimento feito pela família e pelos amigos dos dois, a sufocante avalanche de eventos, a inevitabilidade de tudo, tenham deixado Jennifer muda. Se ela falasse a verdade, aquilo se tornaria realidade. Ela não podia falar, por isso fugiu. E, quando retornou à Geórgia, todos acharam sua fuga tão incompreensível e *louca* que seu noivo a convenceu a procurar um hospital psiquiátrico. Não parece haver outra explicação plausível para suas ações senão que aquilo fosse um completo colapso nervoso.

A verdade? Jennifer provavelmente *teve* mesmo um colapso nervoso. Não *porque* fugiu, mas *antes* de fugir. Viver uma mentira causa esse tipo de coisa. Embora eu não ache certo usar os impostos pagos pelos contribuintes para procurar por Jennifer e quase matar de susto sua família, imagino que ela estava tentando correr em direção à verdade, e não a mais mentiras.

O casamento moderno se transformou, passando de uma cerimônia sagrada a um espetáculo teatral. O foco é menor nos votos e no relacionamento que nas alianças, vestidos, locais para festa, convites e lua-de-mel. O resultado: um dia de fantasia, seguido de uma semana ou duas de fantasia, seguidas de uma vida inteira de realidade batendo-lhes na cara. Imersos nas preparações, os infelizes noivos são forçados a dizer, de fato: "Querido, amor da minha vida, não tenho tempo agora de lhe dizer como me sinto, nem de ouvir você me dizer como se sente, mas não se preocupe. Teremos tempo para brigar com unhas e dentes durante os próximos vinte anos".

Se houvesse um sinal de alerta, o aviso seria: PERIGO, PERIGO! Seria um passo para o fracasso.

Precisamos prestar atenção nos valores que estamos reforçando quando retratamos o casamento ideal. Fomentamos a mentira, apoiando sua expressão contínua. Há um programa no The Learning Channel chamado *Na alegria ou na tristeza*. Um dia, assisti a um episódio intitulado "O casamento dos sonhos". Um casal recebeu cem mil dólares, e sua tarefa era gastar cada centavo em uma semana para criar um casamento extravagante. Era possível? Pode apostar que sim. Eles gastaram um valor enorme com o local da cerimônia e o jantar. Muitos milhares de dólares foram gastos com flores, o que incluía pétalas de dez mil rosas espalhadas pelo corredor e pelos degraus da frente da igreja. A noiva esbanjou no vestido. Perplexa, tentei imaginar o que o casal havia aprendido, graças àquele canal de televisão. Talvez tenham descoberto que o dinheiro compra um momento parecido com o que se chama de felicidade. Ou, pelo menos, o dinheiro compra excessos e uma chance de mostrá-los a todo mundo. Afinal, o casamento foi filmado e editado, depois mostrado na TV. Esqueça a intimidade. O dia especial dos dois se tornou um evento televisivo. Eu sentiria certo alívio se eles destinassem parte do dinheiro a uma terapia de aconselhamento pré-conjugal, mas tudo foi gasto em extravagância. Não há nada errado em uma cerimônia bonita cujos alicerces sejam a verdade. Mas às vezes, quanto maior o evento, mais há para esconder. O luxo se torna um chamariz para manter a atenção no *glamour* e fazer com que as mentiras e dores ocultas não sejam notadas. Com todo o respeito para com a maioria das noivas, é isso que as mulheres aprendem a fazer socialmente. Reforça-se cada vez mais a idéia de que quanto mais extravagante a cerimônia de casamento, mais profundo é o amor. Embora eu não entenda de estatísticas, sei que nada poderia estar mais distante da verdade do que isso. É o que se chama de relação inversamente proporcional – enquanto um lado sobe, o outro desce. Enquanto a fanfarra necessária aumenta, a ênfase na qualidade do relacionamento interno cai. E lembre-se de que aquilo que focarmos é o que vai se desenvolver. Portanto, se você focar uma cerimônia magnífica, em vez de plantar e cultivar as sementes para um casamento magnífico e duradouro, você pode ter a cerimônia de seus sonhos e a vida a dois de seus pesadelos.

Um *reality show* chamado *Noivas Neuróticas*, que é transmitido pelo canal de TV Discovery Home & Health, tem como *slogan* a seguinte frase: "Veja noivas de verdade se transformarem de doces meninas em mulheres histéricas".

As noivas no programa se comportam como garotinhas mimadas e acreditam que esse comportamento se justifique, porque, afinal de contas, "Este é MEU GRANDE DIA!". Elas estão presentes – e como! –, mas jamais como adultas. Em um episódio, vemos uma noiva desapontada, andando enfurecida pelo corredor, irada porque o responsável pelos preparativos do casamento esquecera um pequeno detalhe. Tenho certeza de que, quando ela disse os votos, não pensou no noivo nem no futuro que teriam juntos. Em vez disso, provavelmente estava planejando uma vingança contra aquela pessoa.

Em nossa sociedade, aprendemos a aceitar que os casamentos são eventos do tipo quanto maior, melhor. Achamos que não há problema em contrair dívidas enormes, passar dois anos organizando o local do evento, o bufê, as flores, a comida, a banda, o bolo. E quanto tempo é dedicado à consideração dos votos ou às bases sobre as quais o casamento deve ser construído?

Quando contei a uma amiga minha idéia para este livro, ela franziu as sobrancelhas e disse: "Robin, você está tentando acabar com o sonho". Ela estava errada. Eu acredito nos sonhos, mas o sonho que eu quero para os casais é o de um relacionamento sólido, real, que dure após a excitação acabar e os dois estarem enfim sós. Precisamos acordar para o fato de que a fantasia atrapalha a vida. Temos de reconhecer que a taxa de 50% de divórcios é uma realidade, porque voltar a terra dói muito. E, a propósito, dos 50% de casais que continuam casados, muitos estão vivendo bem longe dos votos de amar, honrar e respeitar. Eles também sofrem.

Sua cerimônia de casamento já está atrapalhando o caminho de um casamento feliz? Essa pergunta é importante, mas façamos uma pausa. Você precisa ser adulto antes mesmo de começar a cortejar.

Verdade na parceria

"Bela sonhadora procura estrangeiro alto, bonito, que seja romântico, apaixonado, bem-sucedido, forte e que beije bem." Parece um anúncio classificado típico? Sim, se fosse escrito pela Bela Adormecida. Muitas pessoas se aproximam do altar com estrelas brilhando nos olhos, apegando-se a sonhos que acalentam desde a infância. Podemos ser pessoas espertas, estáveis e fortes em outras áreas de nossa vida, mas a procura pelo amor e a busca pela aliança no dedo nos fazem tremer. O significado do amor e do casamento se mistura com as noções dos contos de fadas.

Se você está procurando um príncipe encantado que a desperte da estagnação de sua vida com o poder de um beijo mágico, deixe-me lembrá-la de que o conto termina aí. Nós não sabemos como é a vida da bela acordada depois que ela e seu príncipe vão embora a cavalo. O que mantém os contos de fadas preservados em perfeição é nossa ignorância do resto da história. É possível que a Bela Adormecida tenha olhado para o príncipe encantado e dito: "Obrigada pelo beijo, mas alguma coisa não está dando certo agora". Ou o príncipe pode ter dito a ela, enfaticamente: "Eu amava você quando estava adormecida, mas não a suporto agora, acordada".

O príncipe encantado não existe, ainda que você seja uma princesa de verdade – como Diana descobriu, mesmo antes de se casar com o príncipe Charles, no "casamento do século". Mais tarde, depois do colapso do casamento real, Diana revelou que pensara em cancelar a cerimônia, mas seus amigos a convenceram a ir adiante, dizendo: "Seu rosto já está nas toalhinhas de chá".

Conversei com muitos homens e mulheres que engoliram as próprias dúvidas antes do dia do casamento porque aquele evento era grande demais. Preferiram prometer amor e lealdade pelo resto da vida, porque ou não queriam decepcionar sua mãe, ou já tinham enviado os convites, ou o salão estava reservado, ou aquele era o primeiro homem do qual o pai da noiva gostara, ou simplesmente tinham vergonha e medo de dizer a verdade. Uma mentira no altar parecia preferível. Mas, com freqüência, o problema maior é o vício no romantismo de toda essa situação.

É verdade. Esse vício é absolutamente real, resultado de um coquetel químico estimulado por nossos hormônios quando nos apaixonamos pela primeira vez. Essas ondas de paixão e êxtase correndo em nosso corpo são o produto de um pico acentuado de dopamina – um hormônio que produz sentimentos de prazer – e noradrenalina – que é semelhante à adrenalina e aumenta a excitação. Juntas, essas substâncias criam aquela deliciosa paixão que experimentamos nos estágios iniciais do amor. A atração inicial é como uma droga que desliga você da realidade. Você se sente no auge, como se pudesse flutuar. O problema é que a droga é de rápida ação, e logo abandona seu sistema.

Algumas pessoas acham a emoção tão inebriante que querem mais. São como viciados em drogas procurando mais uma viagem. Precisam do coquetel para se sentir normais. Quando as coisas se assentam e a reação química diminui – o que deve acontecer para que o verdadeiro amor amadureça e a vida progrida –, vem a sensação de abstinência. A pessoa acorda de manhã e não sente mais aquela carga de paixão e vertigem, então pensa que há algo errado com o relacionamento.

A fantasia romântica nos diz que esses sentimentos são uma medida confiável de amor, mas essa não é a realidade. Você não pode viver plenamente cada momento se estiver doente de amor. Não pode funcionar normalmente se tiver febre. Na intoxicação de um novo amor, nossas promessas e juras parecem tão nobres e verdadeiras. Não é que não acreditemos nelas, porém elas existem dentro de uma bolha extremamente frágil, e, quando essa bolha estoura, não temos nada a que nos apegar. Quando o casamento acaba, culpamos o outro ou a nós mesmos.

Essa recusa teimosa em abandonar a fantasia, mesmo diante de uma evidência irrefutável, me lembra uma amiga que descobriu, ainda criança, que o Papai Noel não existia. Ela sabia da verdade, mas não queria aceitá-la. A fantasia era maravilhosa demais. Por isso, disse à mãe: "Eu sei que o Papai Noel não existe, mas quero acreditar nele, por isso vou deixar biscoitos e leite na lareira". É um sentimento encantador quando exprimido por uma criança, mas uma idéia deturpada para os adultos.

Atendo com freqüência a casais recém-casados que ficam atormentados por não sentirem mais aquele calor de antes. As pessoas à volta deles dizem: "Lá vêm os dois pombinhos", ou: "Eles ainda estão em lua-de-mel", e os dois nem sequer conversam, muito menos fazem sexo. Perderam o ímpeto de se unir e sentem-se enganados e decepcionados. Não sabem como amar um ao outro, uma vez que não sentem mais aquela onda química de êxtase.

Pense em algumas de suas mais acalentadas imagens de amor e imagine como seria a vida se elas nunca diminuíssem.

- ✓ "Sonho com meu amor o dia inteiro."
- ✓ "Quando vejo meu amor, meu coração bate mais rápido."
- ✓ "Quando não estou com ele/ela, me sinto horrível."
- ✓ "Quero fazer amor com ele/ela a noite toda, e todas as noites."
- ✓ "Estou perdidamente apaixonado/a."
- ✓ "Eu venero o chão que ele/ela pisa."
- ✓ "Quando ele/ela me olha nos olhos, eu me derreto."
- ✓ "Eu o/a amo mais que minha própria vida."
- ✓ "Eu faria qualquer coisa por ele/ela."
- ✓ "Ele/ela é o meu mundo."

Veja uma idéia radical: talvez nós não queiramos ficar doentes de amor porque a doença – mesmo uma doença deliciosa – nos deixa fracos, desconfortáveis e incapazes de agir. Por fim, ela nos deixa instáveis. Talvez a vertigem que acompanha o apaixonar-se deva ser de fato curta, porque do contrário não poderíamos *viver*. Mas aprendemos a querer cair de quatro, a querer ficar caídos por alguém. Mas *cair* é tão bom assim? Será que queremos cambalear, perder o fôlego, ficar com as pernas bambas? Passei a desgostar de expressões como "ficar caidinho por alguém", "cair de quatro" e "perder o fôlego". O ato de cair é doloroso e potencialmente perigoso. Cair de quatro e ficar sem fôlego é perigoso, pois você se machuca e fica vulnerável.

Uma mulher que conheço perdeu o emprego porque tirava "licenças por doença de amor" em demasia. Jerry era uma bem-sucedida executiva do ramo publicitário e tinha pouco mais de 40 anos. Não havia se casado porque nunca tinha encontrado o parceiro perfeito. Os anos passavam, e ela continuava esperançosa. "Sei que ele está lá, em algum lugar", ela me disse uma vez, olhando para cima, como se esperasse que seu verdadeiro amor viesse do céu, no brilho de um cometa.

Quando Jerry conheceu Eddie, soube imediatamente que era "ele". Eddie era o homem mais romântico que ela já havia conhecido. Ele só tinha olhos para Jerry, que se sentia arrepiada por ter encontrado um amor tão magnífico. "Valeu a pena esperar", ela me garantiu.

Jerry e Eddie se casaram, e ela vivia em um estado contínuo de felicidade. Achava difícil se concentrar no trabalho e, nos primeiros meses de casamento, vivia constantemente pedindo desculpas aos clientes por estourar prazos ou não ouvir recados que lhe eram passados. "Sinto muito", ela dizia, "acabei de me casar e estou tão feliz que ando um pouco distraída."

No começo, os clientes e colegas de Jerry relevaram a situação. Gostavam dela e estavam felizes por ela ter encontrado o amor. Mas seu trabalho continuou a cair vertiginosamente, tanto nos resultados quanto na qualidade.

Um dia, seu chefe perdeu a paciência: "Sua felicidade está atrapalhando a minha". Jerry foi demitida. Ela ficou furiosa. "Ralei feito louca por quinze anos", ela desabafou comigo, "e agora, quando quero um pouco de felicidade, eles se voltam contra mim. E o pior é que Eddie está chateado por eu ter perdido o emprego. Ele acha que foi culpa minha. Meu chefe arruinou toda a minha vida."

Meu coração doía por Jerry, compreendendo a mágoa que ela estava sentindo. A verdade era dolorosa demais, e ela não podia encará-la. Jerry culpava o chefe, e seu marido a culpava. "Vamos deixar a culpa de fora", eu disse. "A culpa não serve para nada. Não ajuda você a se livrar da mágoa. Vamos ver o que está acontecendo de fato."

Posteriormente, Jerry sentiria vergonha por ter ficado tão empolgada a ponto de prejudicar a própria carreira. "Qual é o problema comigo?", ela gritava. Eu insisti: "Não deixe a vergonha ocupar o vazio em seu coração. Você não é uma pessoa má. Não é fraca. Só estava andando como sonâmbula, mas agora acordou. Vamos nos concentrar em como você e Eddie podem ter um casamento bom e fundamentado na verdade, uma compreensão maior da situação e alguma compaixão por tudo que está envolvido nisso. E vamos determinar que passos você pode dar para reparar os danos em sua carreira".

Isso foi sete anos atrás. Hoje, Jerry e Eddie estão indo muito bem, porque escolheram explorar o que significa o amor maduro para eles. Não sofrem de vertigem nem de doença do amor e têm um nível muito mais profundo de intimidade do que na época em que eram loucamente apaixonados, quando chegavam a rasgar as roupas um do outro sempre que podiam. A intimidade que criaram e a paixão que nasceu da crise são muito mais profundas e satisfatórias do que as ondas hormonais passageiras. A ligação entre os dois é uma fonte de água viva que alimenta seu relacionamento, em vez de drená-lo.

Até que ponto os sentimentos têm a ver com um bom e sólido casamento? Pergunte-se que significado você atribui aos sentimentos. Sabendo que eles mudam, que significado você lhes dá, quando isso acontece? Talvez você ache que o amor acabou, quando na verdade apenas a intoxicação diminuiu. Talvez você pense que está com a pessoa errada e a traia, tendo um caso com alguém para conseguir de volta o sentimento, descobrindo, porém, que está correndo atrás de um sentimento que não dura. A fascinação inicial que chamamos de amor não é amor. É uma *paixão* pela idéia daquilo que pensamos ser o amor. As pessoas saem do casamento, têm casos com outras pessoas e se afastam emocional e fisicamente porque confundem a ilusão do amor com o amor verdadeiro.

Esta é a verdade: você não é impotente diante de seus sentimentos. Você pode escolher que significado dar a eles. Essa é uma lição que a maioria de nós não aprende na infância, e é por isso que os sentimentos nos assustam tanto.

O anel da verdade

Helen era uma viúva de 50 anos pensando em se casar com um homem de 65. Nunca havia feito terapia, mas a experimentou porque queria compreender algumas coisas. "Eu não sei se isso é importante ou se estou sendo tola", ela me disse. "Não tenho muita prática com noivado."

Helen enviuvara aos 45 anos, tendo se casado aos 17. Ela não esperava se casar de novo, mas, para sua surpresa, conhecera um homem dois anos antes, e o relacionamento dos dois havia progredido até o ponto em que ele quis lhe dar um anel de noivado. Foi aí que começou o problema.

"Jack me contou que estava procurando o anel certo", ela disse. "Eu queria fazer parte do processo, e ele basicamente me disse que sabia o que queria – o que *ele* queria. Ele me levou a uma joalheria e disse à vendedora: 'Mostre a ela aquele de que eu gostei'. Fiquei chocada, envergonhada e furiosa. Era puro controle da parte dele. Pelo menos, eu via assim. Eu quis lhe mostrar minhas preferências, e ele me chamou de princesa mimada. Quem me conhece sabe que isso é absurdo."

Enquanto me contava a história, Helen ia ficando cada vez mais indignada. Então ela estendeu a mão esquerda para me mostrar um enorme anel de diamante que mal combinava com sua mão tão pequena. "Ele comprou o anel que sabia que eu havia detestado, e algumas noites atrás o deu para mim."

"E você aceitou?", perguntei.

"Sim, mas não sei se agüento usá-lo. Ou se agüento ficar com um homem tão controlador." Ela respirou fundo. "Talvez eu esteja fazendo tempestade em copo d'água. Eu o amo, e essa pode ser minha última chance."

"Ele é controlador em outros sentidos?", perguntei, sabendo que a resposta seria sim. Um homem tão pronto para ignorar as preferências de Helen com relação ao anel de noivado com certeza deveria exibir outros traços de controle.

Helen admitiu que Jack era um homem que "sabia o que queria". Mas geralmente isso não a incomodava tanto. O que a perturbava era o anel de diamante. Isso a fizera parar e pensar, porque não simbolizava amor, e sim controle.

"Diga-me", eu disse, "em que outros momentos de sua vida você foi criticada por pedir o que queria e acabou cooperando para não criar caso?"

"Essa é fácil", ela disse. "Meu pai era assim. Eu sempre fazia o que ele queria que eu fizesse. Quando eu estava na escola, fiquei grávida. Ele me disse que eu teria de casar, por isso me formei numa segunda-feira e casei na sexta. Lá estava eu, com seis meses de gravidez, vestida de azul na sala de estar. E eu me lembro dos votos. Levei-os muito a sério, enquanto os ouvia. Sentia-me como uma criança, sabe, quando é repreendida e ouve palavras pesadas do diretor da escola. E tentei viver de acordo com aqueles votos. Tentei a ponto de quase me matar, porque meu marido também era muito exigente. E agora, quando eu deveria estar animada, não me sinto assim. Acho que nesse ponto da vida eu tenho o direito de ter o que quero. Sempre coloquei as necessidades dos outros em primeiro lugar, e agora parece uma batalha eu satisfazer as minhas. Sinto a mesma pressão que sentia quando criança: ceder para não brigar e para deixar as coisas em paz."

"Você está sendo pressionada para mostrar alegria por algo que não representa você", eu disse. "Tem de estar feliz com um anel de noivado que nada tem a ver com você, que vai contra seus desejos, que não reflete seu gosto. E, se demonstrar infelicidade, dizem que é mimada, e você sabe que isso é mentira." Sorri, compassiva. "Que peso isso deve ser para você, ter de ser feliz com algo que não a faz feliz. E você fica pensando em como celebrar uma coisa que não existe."

Helen saiu do consultório ainda insegura quanto ao que fazer. Ela me ligou na semana seguinte e disse que havia confrontado Jack a respeito do anel. "Ele disse: 'Você não poderia mentir para mim e dizer que gostou?'" Ela falava com tristeza na voz. "Eu não quero me casar com um homem que ache normal eu fingir que estou feliz – que *quer* que eu finja estar feliz. Sabe, precisei chegar aos 50 para dizer a verdade sobre o que eu quero. Já passei da fase de fingir que as coisas estão bem quando não estão. Não sei mais fazer isso. Mas não estou disposta a perder Jack."

Havia coragem na determinação de Helen, porque as conseqüências seriam decepcionantes. Às vezes, a mentira parece mais fácil, mas a realidade é esta: ela não tem Jack e provavelmente nunca o terá. Essa é uma mentira, também.

Exercício 1: **Seu dote interior**

Em algumas culturas, o dote é o preço pago em dinheiro ou bens pela família da noiva para que a família do noivo aprove o casamento. Eu gostaria de sugerir uma reviravolta nesse costume arcaico: um dote mútuo que não envolve dinheiro nem bens, mas oferece qualidades pessoais no lugar de riquezas materiais.
Separadamente, faça uma lista com o seguinte:
Cinco qualidades positivas que você está levando para o casamento:
1.
2.
3.
4.
5.
Cinco qualidades positivas que seu parceiro está levando para o casamento:
1.
2.
3.
4.
5.

(Continua na próxima página)

Analisem a lista um do outro e conversem sobre o que os "itens" significam para vocês. Falta alguma coisa que você precisa pedir? Há itens na lista do outro que não representam você ou o que você deseja? Há algo na lista que o está incomodando, que você tem medo de mencionar ao parceiro ou parceira? O melhor momento de discutir essas questões é agora. Se você não é casado, use essa lista como guia para tomar decisões sensatas quanto à direção que o casamento vai tomar. Se é casado, essa lista pode explicar onde se originaram alguns dos conflitos, e você pode finalmente encontrar a raiz do problema e abordar os verdadeiros obstáculos, preocupações, mal-entendidos e mágoas; juntos, então, vocês podem elaborar um plano para reajustar a concessão de dotes entre si.

Casamento é para adultos

Você não pode ter um bom casamento se um de vocês ou os dois não estiverem presentes de fato como adultos. Pode até haver uma cerimônia, vocês podem ficar casados por cinqüenta anos, mas não será um bom casamento.

O que significa estar presente como adulto?

O desespero que as pessoas sentem em torno do amor costuma ser parecido com os sentimentos vulneráveis e emocionais das crianças, antes do desenvolvimento daquela parte do cérebro responsável por avaliar e julgar. O mundo está cheio de incerteza, perigo, agitação e decepção para uma criança pequena, cuja preocupação constante é satisfazer as próprias necessidades. Quando ela quer algo, chora. Por mais atentos que sejam os pais, é impossível satisfazer todas as necessidades de uma criança.

Como a criança é incapaz de satisfazer as próprias necessidades, seus responsáveis se tornam todo-poderosos. Expressões de elogio e desaprovação são aceitas como fatos. Uma criança começa a se imaginar do jeito que seus pais lhe dizem que ela é. Todas as pesquisas confirmam o fato de que as primeiras fases da vida da criança são o período em que a auto-estima é construída ou destroçada. É o momento em que nos apegamos com confiança às pessoas que cuidam de nós, o que leva a uma sensação de segurança emocional e espiritual; ou é o momento em que o chão debaixo de nossa vida começa a se encher de rachaduras de medo, insegurança e indignidade.

A impressão de nossos pais todo-poderosos pode ter ramificações perenes, como veremos na história a seguir.

Lily cresceu ouvindo que não era bonita como sua irmã, Eleanor. Seus pais viviam dizendo: "Lily é inteligente, e Eleanor é bonita". No começo da década de 50, ser inteligente não era uma qualidade valorizada numa jovem, enquanto ser bonita gerava admiração incessante e incontáveis oportunidades. Lily sentia realmente que ficara com a pior parte. A beleza da irmã parecia atrair muito mais atenção, incluindo a chance de ser amada. Na escola, Eleanor podia escolher o garoto que quisesse, enquanto Lily continuava a tirar as notas máximas e raramente era convidada para sair.

Quando Lily tinha 16 anos, Peter, um jovem de sua classe, começou a se interessar por ela. No dia em que ele disse a Lily que a achava bonita, ela se sentiu no céu. Mas, com aquela felicidade, veio uma sensação de desespero, um medo de cometer algum deslize e afastar Peter. Todo o seu objetivo na vida se converteu rapidamente em servi-lo, incluindo fazer sexo com ele. Ela se entregou a ele e lhe concedeu total poder sobre sua felicidade pessoal. Quando Peter se interessou por outra garota – uma que Lily considerava muito mais bonita –, ela ficou arrasada.

O amor jovem é, por natureza, imaturo, e Lily poderia ter crescido o suficiente para compreender que a natureza obsessiva e a desigualdade de seu relacionamento com Peter não satisfaziam as verdadeiras necessidades dela. Em vez disso, ela moldou todos os relacionamentos futuros naquele primeiro, por isso vivia numa constante montanha-russa de intensa alegria e imensurável dor. Até hoje, trinta anos depois, Lily ainda procura um relacionamento que a transforme e a faça se sentir amada e bela. Enquanto não lidar com a questão essencial e com a ferida, ela continuará a recriar esse ciclo de rejeição e autopunição, não percebendo que as raízes se encontram nas primeiras mensagens dolorosas e debilitantes de seus pais. Só Lily pode parar esse ciclo de sofrimento e de relacionamentos insatisfatórios, mas para isso terá de encarar a dor da infância que desencadeou a indignidade que ela sente na vida adulta. Ela precisa pôr um fim na mentira de que não é boa o suficiente.

O amor romântico é o único estado na vida que desencadeia a mesma necessidade intensa de completude e ligação que experimentamos quando crianças. O dr. Harville Hendrix postula que, inconscientemente, escolhemos parceiros que refletem tanto as qualidades positivas quanto as negativas das pessoas que cuidaram de nós, para que possamos resolver as pendências de nossa infância. É por isso que as pessoas dizem coisas do tipo "Eu sabia que ela era a mulher certa assim que a vi" ou "Eu sentia como se o conhecesse a vida toda".

Amor infantil	Amor maduro
Suas necessidades são imediatas e desesperadas.	Você pode colocar suas necessidades sob a perspectiva certa e ter a certeza de que saberá como satisfazê-las.
Você vê os outros como extensões de si mesmo.	Você se considera inteiro como é e não depende de outra pessoa para deixá-lo completo.
Você tem medo do abandono.	Você é seguro e pode tolerar sentimentos de tristeza e ansiedade sem se deixar consumir por eles.
Você precisa de constante reforço para saber que é amado.	Você sabe que é amado e não precisa procurar provas disso.
Você é dependente dos outros para satisfazer suas necessidades físicas e emocionais.	Você é capaz de avaliar as situações e fazer julgamentos baseados na realidade, além de encontrar modos saudáveis de satisfazer suas necessidades.

(Continua na próxima página)

Você não tem controle de suas emoções e se sente humilhado facilmente.	Você aceita imperfeições em si mesmo e nos outros e não se sente humilhado ou temeroso quando comete erros.
Você precisa de certezas.	Você assume a responsabilidade por sua vida, mas sabe que não pode controlar tudo que acontece.
Você sente que não existe fora da presença da pessoa amada.	Você é completo em si.
Você vive o momento.	Você planeja o futuro enquanto vive o momento, pois aprendeu com o passado.
Você se vê como o centro do universo.	Você tem a capacidade de lidar com a empatia, o remorso e a mudança.
Você tem medo de mudanças e resiste ao esforço excessivo.	Você sabe que ir além de sua zona de conforto é bom e essencial para seu bem-estar geral.
Você faz qualquer coisa para não perder seu relacionamento, preferindo perder a si mesmo.	Você consegue aceitar a perda, mas nunca a de si mesmo.

A familiaridade é compreensível. Quando eu dou conselho a casais, às vezes pergunto: "Onde vocês aprenderam a falar inglês?" Eles respondem: "Em casa", enquanto ficam pensando: "Que pergunta estranha!" Então eu digo: "Onde vocês aprenderam a expressar amor ou raiva, ou a ficar em silêncio?" A lâmpada acende quando eles percebem aonde quero chegar, então respondem: "Em casa".

Nós procuramos um estado perfeito de aceitação e segurança e somos inconscientemente atraídos ao parceiro que satisfaça esses anseios. Esses sentimentos fortes podem bloquear nosso pensamento racional. Assim como as crianças, nós somos incapazes de avaliar se o objeto de nosso amor possui as qualidades necessárias para ser um bom parceiro.

Quando o intoxicante coquetel de substâncias químicas que produz a paixão arrebatadora começa a enfraquecer, é comum os parceiros se desiludirem um com o outro, chegando a desprezar as qualidades que antes amavam e admiravam. É o princípio da luta pelo poder, que funciona mais ou menos assim:

- ✓ "Eu a amava por sua generosidade... *agora* detesto quando ela se desdobra para cuidar dos outros."
- ✓ "Eu adorava o fato de ele ser tão quieto e sério... *agora* quero que ele converse e se descontraia mais quando estamos com nossos amigos."
- ✓ "Eu adorava o modo como ela era profissionalmente realizada... *agora* gostaria que ela cuidasse mais da casa e fosse menos viciada em trabalho."
- ✓ "Eu ficava comovida com o amor dele pela mãe... *agora* eu gostaria que ele parasse de telefonar tanto para ela."
- ✓ "Ela estava sempre lindíssima... *agora* eu preferiria que ela não gastasse tanto dinheiro e tempo com roupas e cosméticos."
- ✓ "Ele era tão romântico e um amante maravilhoso... *agora* eu gostaria que ele parasse de insistir na questão do sexo."
- ✓ "Eu achava ótimo quando ela dizia o que pensava... *agora* seria bom que ela guardasse as reclamações para si."
- ✓ "Eu o amava por ser tão espiritual... *agora* eu preferiria que ele tentasse ganhar mais dinheiro e que nós tivéssemos uma casa maior."
- ✓ "Eu gostava quando ela falava de seus sentimentos... *agora* eu gostaria que os guardasse para si – ela está me sugando."

A primeira afirmação é feita sob a influência do coquetel de amor. A segunda surge depois que o êxtase acaba e as questões não resolvidas da infância vêm para o primeiro plano. Tanto a paixão louca quanto a luta por poder se originam nas pendências da infância. Embora fascinação pareça aceitação, o ponto-chave não é tanto o objeto da paixão, e sim o fato de a pessoa loucamente apaixonada tentar satisfazer suas necessidades.

Ser adulto significa ser capaz de compreender que aquilo que inicialmente nos atrai em um parceiro nem sempre se traduz em algo com o qual gostaríamos de viver pelo resto da vida. Podemos acreditar que amamos os outros pelas qualidades que nos atraem a eles, mas com freqüência nos cansamos dessas mesmas coisas. O amor maduro requer um senso mais profundo de quem somos e de quem é a pessoa com quem estamos nos casando.

Estar presente significa não só comparecer à cerimônia, mas permanecer no casamento. Veja um tema recorrente na terapia de casais: a mulher está chateada porque o marido se esqueceu do primeiro aniversário de casamento. Ao explorar mais a questão, porém, ela descobre que não foi só o aniversário que ele esqueceu. Ele esqueceu o próprio casamento, e essa é a verdadeira fonte da infelicidade. Ou então ele se lembra do aniversário de maneira grandiosa, com flores e jóias, mas está ausente o resto do ano – a mensagem: contente-se com uma vez ao ano.

Acredito que a maioria dos casamentos pode dar certo se as pessoas estiverem presentes e se comprometerem a crescer. Você pode estar diante do altar e dizer a verdade sobre o que pretende, e pode continuar dizendo a verdade durante todo o casamento.

Exercício 2: **Você é adulto?**

Você se esforça para ver a vida e o relacionamento romântico através de uma lente adulta? Faça o teste seguinte para descobrir se já está pronto para o amor maduro.

1. Quando meu parceiro não está por perto, sinto-me inseguro em relação a sua devoção.

( ) *Sim*　( ) *Não*

(Continua na próxima página)

2. Sinto-me magoado e humilhado quando meu parceiro não responde às minhas propostas sexuais.

( ) *Sim*   ( ) *Não*

3. Se não estou ansioso para ver meu parceiro, é porque há algo errado em nosso relacionamento.

( ) *Sim*   ( ) *Não*

4. Preciso ouvir meu parceiro dizer "Eu te amo" para me sentir amado.

( ) *Sim*   ( ) *Não*

5. Minhas necessidades e desejos devem ser sempre mais importantes para meu parceiro do que as necessidades e desejos dos outros.

( ) *Sim*   ( ) *Não*

6. Eu mereço um parceiro que sempre tente me fazer feliz.

( ) *Sim*   ( ) *Não*

7. Meu parceiro é uma extensão de mim.

( ) *Sim*   ( ) *Não*

8. Eu faço qualquer coisa para evitar uma discussão com meu parceiro.

( ) *Sim*   ( ) *Não*

9. O conflito é prejudicial para o relacionamento.

( ) *Sim*   ( ) *Não*

10. Casamento significa que duas pessoas se unem para se tornar uma só entidade.

( ) *Sim*   ( ) *Não*

Avaliação: Cada "sim" envolve um ideal de fantasia que você tem a respeito do amor e do casamento. Essas fantasias parecem ideais maravilhosos, mas são, na verdade, vestígios de inseguranças da infância.

Estar presente como adulto

Há pouco tempo eu estava vendo na televisão uma reportagem sobre a ocorrência de severas inundações na região nordeste dos Estados Unidos. Um repórter entrevistava os convidados de uma festa de casamento que estavam ilhados na varanda do salão, aguardando resgate. Enquanto a água corria em volta deles, ensopando os sapatos caros e a barra do vestido caro da noiva, eles riam. Para os noivos, o grande dia sofrera uma reviravolta inesperada. A recepção que vinham planejando havia um ano estava arruinada. E estavam todos rindo! A noiva disse ao repórter: "Nosso casamento está começando como uma aventura".

Alguma coisa me diz que esse casal vai ser feliz. Eles compreenderam que o mundo dá muitas voltas, e eles andaram em meio à tormenta. Veja o contraste entre a atitude deles e a deste segundo casal. A noiva e o noivo não eram religiosos, mas ele era judeu e alguns de seus parentes seguiam os costumes dessa religião. A noiva escolheu três pratos principais para o cardápio do jantar de casamento, sendo um deles carne de porco. Quando ele lhe disse que aquilo seria ofensivo para seus familiares, ela não entendeu. "Qual é o problema? Eles podem escolher entre três pratos", disse. "Podem comer frango ou peixe. Grande coisa."

"Vão ficar perturbados apenas por ver a carne de porco no cardápio", ele insistiu. "Minha mãe se sentirá humilhada. Vamos criar atritos desnecessários. Será muito problemático para mim."

"Atritos, que bobagem!", ela desdenhou.

A discussão sobre a comida se tornou um ponto de grande discórdia entre os dois. A atitude da noiva era: "É o meu dia. Eu mereço ter exatamente o que eu quero". Parecia uma menininha de 5 anos. Definitivamente, não era um comportamento de adulto. Onde estavam a solidariedade e a compreensão pelo homem a quem ia prometer devoção? Se isso já estava acontecendo antes do casamento, você pode imaginar como seria depois, com os dois vivendo juntos. É triste, mas esses conflitos e diferenças acontecem na vida dos casais o tempo todo e, embora sejam ignorados e considerados inconveniências insignificantes, são na verdade sinais de alerta de que discussões profundas são necessárias antes de os dois atarem o nó.

Às vezes, as pessoas podem falar a verdade nos votos, mas são incapazes de *receber* a verdade, porque não confiam no parceiro. Elas sabem que podem acreditar nas palavras no momento, mas são incapazes de vivê-las.

Pergunte a si mesmo: Você é um convidado em seu casamento, ou é um participante? O casamento não acontece *para* você, ele acontece *por meio de* você.

Exercício 3: **Refazer o enxoval**

Fazer o enxoval é parte de uma tradição muito antiga. O costume é guardar roupas de cama e mesa finas e outros itens que a noiva "espera" levar para o casamento. Mas o enxoval de hoje é diferente. Ele tem a ver com ações, com as práticas intencionais que dão substância a sua esperança, já que, sem ação, ela é como uma pena ao vento, não tem sentido. Lembre-se, você pode ter toda a esperança e fé no mundo, mas sem ação elas são inúteis e acabam criando frustração e desespero. Refaça seu enxoval a cada ano, a cada cinco anos, ou sempre que você sentir que precisa renovar suas intenções. *Intenção* é uma palavra importante. Não basta ter boas intenções em um relacionamento, a menos que elas venham acompanhadas de ações concretas, ou seja, comportamentos que você sabe que são valorizados por seu parceiro. Você terá problemas se achar que sabe amar o parceiro sem descobrir, em termos claros e quantificáveis, o que significa para ele ser amado.

Amar, honrar e respeitar

> SE VOCÊ TEM APENAS UM SORRISO,
> DÊ ESSE SORRISO ÀS PESSOAS QUE AMA.
> NÃO FIQUE AMUADO EM CASA, PARA DEPOIS SAIR ÀS RUAS
> DANDO UM "BOM DIA" SORRIDENTE A ESTRANHOS.
> – *Maya Angelou*

O voto de amar, honrar e respeitar é a premissa central, a tônica de toda a cerimônia de casamento. Que promessa incrível! Mas o que essas nobres palavras significam exatamente? Será que, na verdade, queremos dizer isto?

> Eu amarei você desde que se comporte de maneira amável... Eu o honrarei, colocando-o sobre um pedestal, e depois direi que a culpa é sua, quando você cair... Eu o respeitarei enquanto meu coração bater mais rápido por você estar perto de mim... Prometo amá-lo incondicionalmente, até que você me dê motivo para não amá-lo mais... Eu o aceitarei como você é, mas secretamente tentarei mudar em você as partes de que não gosto... E sempre desejarei o melhor para você, desde que seja bom para mim também.

Sejamos claros: "amar, honrar e respeitar" podem ser as palavras mais carregadas que existem. Só pronunciá-las já desencadeia intensas reações emocionais. A potência dessas palavras mal pode ser medida. O que esse voto significa em termos de dia-a-dia? O que estamos prometendo um ao outro?

Quando peço aos casais que me digam com clareza o que esse voto significa para eles, as respostas costumam ser vagas. Algumas das respostas mais comuns são:

Amar...
- ✓ "Sentir paixão por ele."
- ✓ "Ser fiel, de corpo e alma."
- ✓ "Adorá-la."

Honrar...
- ✓ "Admirá-lo."
- ✓ "Colocá-la em primeiro lugar."
- ✓ "Ver como ele é especial."

Respeitar...
- ✓ "Dizer 'eu te amo'."
- ✓ "Fazer dele o centro de minha vida."
- ✓ "Segurá-la bem perto de mim."

Todos esses são sentimentos adoráveis, mas você não pode visualizá-los. Não pode dar praticidade a eles. Não pode tocá-los. Eles parecem removidos da vida real, como artefatos preciosos que você guarda numa prateleira. E esse é o problema. Isso tudo é muito precioso e abstrato. Como podemos tornar reais esses votos? Como amamos, honramos e respeitamos alguém de maneira ativa?

Eu gostaria de sugerir um novo modo de ver esses votos – não como elementos ou sentimentos estáticos, mas como realidades dinamicamente presentes em seu relacionamento. Segundo essa nova definição:

AMOR é o compromisso de estar presente no casamento. Isso significa estar lá todo dia, mesmo que a vida interfira e você prefira estar em outro lugar, com outra pessoa.

HONRA é o reconhecimento e o respeito mútuos, do jeito que cada um é, e não a intenção secreta de mudar o outro segundo sua própria vontade.

RESPEITO é o modo como você expressa seu amor e compaixão na vida diária. O respeito envolve ação – os sinais perceptíveis de sua consideração, os pedidos aos quais você diz "sim" e as verdades que você diz e vive.

Eu me comprometo (AMOR) a reconhecê-lo como você é (HONRA) e a realizar ações que melhorem nossa vida e nossa ligação (RESPEITO)

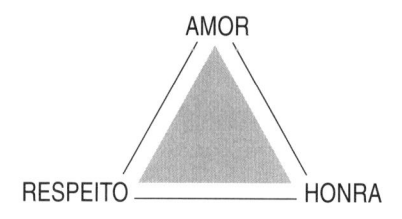

```
           AMOR
           /\
          /  \
         /    \
        /      \
       /_____\
   RESPEITO    HONRA
```

Imagine um triângulo, com AMOR no alto, HONRA na ponta inferior direita e RESPEITO na esquerda. Precisamos dos três para manter o triângulo em equilíbrio.

Você não pode AMAR e RESPEITAR outra pessoa se não a reconhecer como ela é (HONRAR) – isto é, se você ignorar as necessidades dela, idealizá-la ou quiser apenas mudá-la.

Você não pode HONRAR e RESPEITAR outra pessoa se não se comprometer (AMAR) a ser parceiro dela – isto é, se permanecer solteiro no relacionamento, insistir sempre que você está certo, ou ameaçá-lo com separação ou divórcio sempre que houver uma briga.

Você não pode AMAR e HONRAR outra pessoa se não expressar seu compromisso e respeito em ação (RESPEITAR) – isto é, se não estiver disposto a fazer gestos diários que melhorem a vida do parceiro.

Seus votos não são as palavras que você *diz*, e sim as intenções que você vive na vida a dois.

No décimo aniversário de casamento, Don deu de presente a Melanie um vaso contendo dez rosas de caule longo, cor champanhe, e um cartão com estas palavras: "Obrigado por me agüentar por dez anos". Melanie olhou para o cartão por um bom tempo e se perguntou se o presente no vigésimo aniversário seria vinte rosas com um cartão dizendo: "Obrigado por me agüentar por vinte anos".

Ela me disse, mais tarde: "Eu sabia que não queria um casamento assim. E sabia que não queria ensinar à minha filha que um casamento baseado em 'agüentar alguém' era aceitável".

Amar, honrar e respeitar pode ser o trabalho de seu casamento, mas não é a *tarefa* do casamento. Não é um buquê de flores a cada dez anos, nem palavras floridas todos os dias.

"Eu te amo" eram palavras fáceis para Will dizer, e foi seu jeito romântico que atraiu Janice, em primeiro lugar. Ela crescera num ambiente familiar onde a afeição era algo tão economizado como o dinheiro, por isso adorava a expansividade de Will. Ele sempre começava o dia dizendo que a amava. Ligava do trabalho para perguntar: "Eu já disse hoje quanto te amo?" E quando Janice descobriu, dois anos depois, que Will estava tendo um caso, ele disse: "Isso não quer dizer que eu não te amo".

O amor é um compromisso com o outro, e ele vive no presente. Uma mulher que se consultava comigo costumava falar do grande potencial irrealizado de seu marido, uma coisa que só ela conseguia ver. Ela se sentia poderosa em seu amor por ele, que costumava lhe dizer: "Você acredita em mim mais do que eu acredito em mim mesmo". Ela achava que o amor dela poderia mudá-lo. Achava que poderia fazer nascer um homem magnífico do indivíduo complacente e cheio de falhas com que se casara. Ficou decepcionada quando seu amor não deu frutos – mas aquilo não era amor.

Escreva um novo roteiro

Seu relacionamento parece uma cena do filme *Feitiço do tempo*? Você deve se lembrar do enredo: o ator Bill Murray interpreta um homem forçado a reviver, repetidamente, o pior dia de sua vida. É um terrível pesadelo. Entretanto, quantos casais vivem sua própria versão desse pesadelo, sempre brigando a respeito das mesmas coisas, reagindo aos mesmos estímulos tóxicos, nunca resolvendo seus conflitos mais básicos e profundos?

É impossível viver de fato o voto de amar, honrar e respeitar se você permanecer preso às mesmas velhas discussões. Quando você se pega brigando sempre pelos mesmos motivos, sem jamais resolvê-los, pode ficar louco, pode entrar em desespero. É um momento triste perceber que você e o parceiro nunca chegarão a um acordo ou a um entendimento que lhes permita crescer e ir em frente. As questões subjacentes são muito importantes, mas vocês nunca as abordam porque estão presos ao ato de culpar um ao outro.

Estes diálogos parecem familiares?

Ela: Por que você não me apóia?
Ele: Você já devia saber que não deve se meter com minha mãe.
Ela: É como se eu estivesse sozinha.
Ele: E a culpa é de quem?
Ela: Tudo bem. Chega, vou embora.

Ele: Como assim, eu envergonho você?
Ela: Olhe como você está vestido!
Ele: Eu nunca sou bom o suficiente para você, sou?
Ela: Só estou pedindo que você coloque uma gravata.
Ele: Se isso é tão importante para você, devia ter escolhido um daqueles babacas do clube de campo com quem seu pai queria que você se casasse.

Quando os velhos conflitos transformam seu casamento em uma cena de *Feitiço do tempo*, está na hora de escrever um novo roteiro, que lhe possibilite escutar e responder sem as típicas reações nervosas que só alimentam mais os conflitos.

Eu uso uma variação do diálogo do dr. Harville Hendrix para ajudar casais a ir além das posições intratáveis. É um passo concreto que você pode dar quando chega a um impasse. É eficaz, porque tira você do ensimesmamento. Eu sei que é um trabalho difícil, mas não há como criar um elo de amor forte e respeitável sem que você veja e ouça o parceiro. É um processo de três passos:

Passo 1: Espelhamento – "Eu estou entendendo o que você diz?"
Passo 2: Validação – "O que você diz faz sentido para mim."
Passo 3: Empatia – "Pelo que você disse, imagino como se sente."

Vamos explorar esse método usando como exemplo um casal que fez aconselhamento comigo. Todas as vezes que Brad e Carol iam de carro a qualquer lugar, a mesma coisa acontecia. Ao volante, Brad se transformava em um indivíduo zangado, agressivo – buzinava, mudava de faixa a toda hora, gritava com outros motoristas, acelerava. No semáforo, ele sempre virava bruscamente para a direita, quase causando acidentes. Carol ficava encolhida no banco do passageiro, agarrando-se à porta e sentindo-se cada vez mais medrosa. Ela alternava entre fazer comentários, sorrir, gritar e implorar a Brad que fosse mais devagar.

Brad achava que ela era histérica. "Nunca me envolvi num acidente", ele dizia. "Esse é o meu jeito de dirigir. Carol reclama tanto, mas eu sei o que estou fazendo. Os berros dela é que me distraem e criam perigo. Ela precisa aprender a relaxar."

Havia anos que Brad e Carol discutiam sobre o jeito de ele dirigir. O roteiro já era conhecido e nunca mudava: Brad dirigia, Carol gritava, Brad ficava zangado, Carol chorava. Ninguém ganhava a briga, que, sempre que ocorria, abalava o âmago do relacionamento e diminuía cada vez mais a segurança emocional entre os dois. A verdadeira intimidade – emocional, física e sexual – é impossível diante do medo. Cada demonstração de desrespeito pelo parceiro cria falta de segurança, que por sua vez gera medo. O medo mata a paixão e a intimidade. O medo do parceiro e o amor saudável e perene não podem viver juntos. Se você quer um casamento feliz, a segurança e a tranqüilidade de seu parceiro devem ser prioridades.

Deixando de lado a questão sobre o jeito de Brad dirigir, se era seguro ou não, sugeri aos dois que jogassem fora o roteiro velho e tentassem um exercício.

Eles estavam dispostos a realizar o diálogo em três passos, começando com o espelhamento. O espelhamento força a pessoa a prestar atenção no que o parceiro está de fato dizendo. Geralmente, as pessoas operam em um, de dois modos: ou falam ou esperam para falar. Se for um conflito antigo, elas pensam: "Eu sei o que você vai fazer". Todos os argumentos já estão preparados. Elas nem escutam.

Pedi a Brad e Carol que se sentassem um de frente para o outro. "Carol, diga a Brad como você se sente. Apenas expresse seus sentimentos de maneira direta."

Carol: "No carro, fico com o estômago enjoado de medo quando você ultrapassa o limite de velocidade e fica mudando de faixa. Eu não me sinto segura ao seu lado".

Brad interrompeu, dizendo: "Eu nunca me envolvi num acidente". Sua reação automática foi uma repetição da briga que eles já haviam tido muitas vezes. Brad não estava prestando atenção em Carol; estava, isto sim, imediatamente defendendo sua posição. Naquele momento, ele só conseguia ouvir e ver a si próprio. O ensimesmamento – um modo de viver no mundo que não permite a você ver outra pessoa, porque suas necessidades dominam e impulsionam tudo – é um dos motivos mais fortes por que terminam os casamentos e relacionamentos íntimos. Expliquei que esse exercício envolvia *escutar ativamente*, e não discutir. "Brad", eu disse, "vamos ver se você entendeu bem o que Carol disse. Repita as palavras dela, começando assim: 'Se estou entendendo...'"

Brad: "Se estou entendendo, você diz que tem medo de andar de carro comigo porque acha que eu posso matar a nós dois em algum acidente sério, e você se ressente de mim por isso".

Virei-me para Carol: "Está certo?"

"Em parte, sim", ela respondeu.

"Tudo bem", eu disse. "Diga a ele a parte que ele entendeu direito, e o que não entendeu."

"Ele acertou quando falou de meu medo, mas eu nunca disse que me ressinto dele", ela explicou, olhando perplexa para Brad.

Eu estava curiosa com o que Brad estava representando no diálogo. Quem ele estava vendo, quando olhava para Carol? De onde teria vindo a idéia de ressentimento? No passado, com quem ele tivera de se afirmar para ser ouvido?

O segundo passo do exercício é a validação. "A pergunta é: Brad, você compreende que uma pessoa na posição de Carol tem motivo para ter esse medo? Faz sentido para você?"

"Acho que ela exagera", Brad disse. Estava claro para mim e Carol que Brad ainda se sentia na defensiva quanto a sua posição. Era a dança do relacionamento dos dois, realizada ano após ano, e cada um seguia uma melodia diferente.

"Mas é possível que andar de carro com você deixe uma pessoa nervosa ou perturbada?", perguntei.

Brad e Carol riram. Brad disse: "Acho que sim. Minha mãe não anda de carro comigo".

"Certo", eu disse. "Agora, lembre-se de que não estamos aqui para julgar o modo como você dirige. Apenas escutem um ao outro. Você entende que os sentimentos de Carol fazem sentido?"

"Sim."

O passo final, a empatia, é o mais difícil para algumas pessoas, porque normalmente ninguém nos sugere ficar na pele de alguém. Eu sempre digo às pessoas: "A empatia exige que você abra mão do ego temporariamente. Mas não se preocupe, você pode trazer o ego de volta daqui a alguns minutos". Perguntei a Brad: "Você se lembra de alguma situação em que sentiu que corria perigo físico?"

Brad falou de um incidente ocorrido no verão anterior. Ele estava velejando com um amigo quando, de repente, começou uma tempestade. "Foram os quarenta minutos mais assustadores de minha vida", ele disse. "Quase afundamos."

"Imagine então, Brad, que é assim que Carol se sente quando está com você no carro", expliquei.

Brad ficou alarmado. "Puxa, eu não quero isso", disse a ela. "Nunca quis que você ficasse assustada assim."

Embora Carol lhe dissesse havia anos que tinha medo de andar de carro com ele, Brad nunca realmente a *escutara*, até sentir empatia. Aquilo não só criou mais intimidade no casamento dos dois, como fez Brad se tornar um marido e pai cheio de amor, vida e compaixão – e uma pessoa da qual *ele* mesmo gostava mais.

Respeitar é agir

Respeitar é agir. Não é *desejar*. Não é *tentar*. É fazer. As pessoas costumam dizer: "Eu só quero ser feliz" ou "Quero que meu casamento dê certo". Elas criam a ilusão da ação, dizendo que estão tentando. Quando você e o parceiro se respeitam mutuamente, vocês se interessam por satisfazer as necessidades um do outro. É um ato equilibrado de dar e receber difícil para muitos casais. Poucos de nós tiveram esse tipo de respeito e igualdade como modelo na infância, mesmo aqueles que tiveram a felicidade de pertencer a uma família intacta e amorosa.

Outro refrão comum no casamento é sobre a concessão mútua, mas o que as pessoas geralmente fazem é pensar: "Você se curva à minha vontade" ou "Eu me curvo à sua vontade". Para a maioria dos casais com que trabalhei, há um sentimento palpável de que o sistema é injusto. Nessa hierarquia de necessidades, o conforto de uma pessoa sempre parece importar mais que o da outra. É o que eu chamo de "dança do um para cima, um para baixo". Com o tempo, essa dança é o beijo da morte para um casamento. A "dança do um para cima, um para baixo" suga todas as formas de segurança, honra e respeito do relacionamento e coloca os parceiros como adversários. Mesmo quando as questões parecem menos importantes e o comportamento parece benevolente, a desigualdade é prejudicial.

Eu estava jantando com algumas amigas, e uma delas falava de sua constante batalha pelo controle do clima. A casa dela era como uma geladeira. No inverno, o marido insistia em deixar uma janela aberta no quarto, e até nos dias mais frios ele se recusava a deixar o termostato numa temperatura maior que 18 graus. No verão, ele insistia em ligar o ar-condicionado na temperatura mais baixa. Ela estava congelando. Literalmente.

Uma das moças riu e disse: "Eu que o diga. Todos os homens são assim com a temperatura".

Minha resposta foi diferente. Eu disse: "Esperem um pouco. Vocês vão congelar pelo resto da vida só porque *os homens são assim?*"

Não perdemos tempo em classificar nossos parceiros por causa dos estereótipos, das experiências passadas ou das mensagens que aprendemos e que os outros reforçam. Por causa dessa imagem incutida sobre o sexo oposto, nós inventamos histórias do que é possível e do que não é, sem ao menos testar nossa pressuposição nem verificar que papel estamos desempenhando para garantir o resultado de "o mesmo de sempre".

No casamento, você tem o direito de satisfazer suas necessidades, e seu parceiro também. Isso significa você pedir aquilo de que precisa, com a expectativa de que o parceiro se interesse em ajudar você a conseguir – e vice-versa. Se você nunca aprendeu a pedir as coisas de que precisa, ou nunca teve consciência de suas necessidades para poder identificá-las, terá uma luta feroz por causa dessa questão. Muitas pessoas aprendem desde a infância que suas necessidades não serão satisfeitas, que suas vontades expressas são um obstáculo ou não são realistas. Quando elas expressam suas necessidades, alguém lhes diz que são mimadas e egoístas, ou que são más e exigentes demais. Elas sentem vergonha de pedir o que querem.

Tenho grande compaixão por todos que estão lutando com essa questão, porque, como já disse, cresci em uma família em que o modo "um para cima, um para baixo" era perfeito. Meu pai era uma figura endeusada, e nós girávamos em torno dele, como planetas em volta do sol. Além disso, ele estava sempre à frente de importantes movimentos sociais. Cresci em uma casa que marchava por igualdade com o dr. Martin Luther King Jr. e abraçava as palavras de Gandhi.

Aqueles eram ideais poderosos e positivos que me moldaram a vida. Entretanto, em meio a todas as mensagens sobre dar e cuidar, havia muito pouco de autoproteção. Nós aprendíamos a ter compaixão pelos outros, mesmo à nossa própria custa, e isso significava que poderíamos facilmente ser magoados sem sentir ressentimentos pela pessoa que nos magoara. Aprendíamos que, se as pessoas eram maldosas, era porque elas estavam feridas por dentro, e, embora isso pudesse ser verdade, não tínhamos espaço para fugir da maldade delas. Não recebíamos mensagens de como nos proteger, de como dizer não. Reciprocidade de relacionamento e imposição de limites não eram itens ensinados nem praticados. Ninguém parecia saber dominar essas habilidades difíceis, porém possíveis. Como resultado, eu me tornei muito hábil em apanhar limões e fazer limonada. Jamais me ocorreria dizer: "Isso está azedo demais, não quero". Essa generosidade excessiva me causou problemas em meus relacionamentos adultos, até eu aprender que *eu* também era importante.

A bondade sem limites causa vítimas. Particularmente no caso das mulheres, a importância de ser boa é enfatizada. Mas você não pode dizer sim se não tiver capacidade de dizer não. O desafio para as mulheres é lutar contra séculos de civilidade social para agradar os outros.

Serei bem clara: NÃO é uma solução decidir que você simplesmente não precisa de uma coisa, quando sabe que precisa. Não só a decisão fracassa, mas também, no processo, você desonra a si próprio e à viabilidade de suas necessidades. Você se vende e vende o parceiro a um preço irrisório, negando a oportunidade de crescimento e do encontro com seu melhor eu. Se você não é o melhor de si, perde metade do que é preciso num relacionamento saudável.

Arlene era infeliz no casamento, mas não conseguia articular o problema. Não era capaz de determinar o porquê de tanta frustração e descontentamento. "Carl e eu nunca brigamos", ela disse. Percebi que aquilo era motivo de orgulho para ela. Também me ficou logo claro que ela pressionava sua tecla "mudo" sempre que um desacordo ameaçava irromper entre os dois.

Arlene não queria ser uma daquelas "meninas mimadas". Ela achava que havia muitas outras mulheres na fila de espera que não exigiriam tanta atenção. Tinha medo de que, se falasse o que pensava ou fizesse alguma exigência, poderia perder Carl. Mas qual era o preço de seu silêncio? Ela permanecia casada ficando sempre em guarda. Engolia as próprias palavras, a própria voz e a própria verdade.

Perguntei a Arlene por que ela achava que as necessidades do marido eram as únicas importantes. Ela me disse que fora criada assim.

Arlene crescera numa família em que ser uma "boa menina" era algo altamente valorizado. "Eu era a princesa boazinha", ela admitiu. "Fui criada assim. A gente ganhava aprovação sendo agradável e respeitosa ao extremo. Todas as mulheres em minha família eram assim. O lema de minha avó era: 'Nunca diga uma palavra áspera'. Acho que nunca a vi sem um sorriso no rosto. Ela me dizia: 'Não franza as sobrancelhas, querida. Vai ficar com rugas na testa'."

O resultado dessa criação foi que Arlene evitava conflitos como se fossem pragas. Ela aprendera que pedir o que queria causava problemas e perturbava as pessoas. Parecia muito mais fácil aceitar a vontade dos outros e ficar em paz. Carl escolhera a parceira perfeita para velejar tranquilo. Ele tinha o que queria (não o que *precisava*) e nunca ouvia uma palavra dura de sua mulher. Mas aquilo estava destruindo a alma de Arlene e seu casamento.

O silêncio não era ouro naquele casamento – era mortal. Tanto Carl quanto Arlene haviam criado um ambiente que cedo ou tarde causaria um impacto negativo no senso de ligação e intimidade do casal. O que, no passado de cada um, tornava atraente aquela situação? Superficialmente, eles estavam bem com um sistema de pôr panos quentes e de acomodação unilateral. Que peso Carl estava carregando para se sentir à vontade com uma esposa muda? Quando, em sua história, ele mesmo ou alguém que ele amara havia sido sufocado por palavras? E onde Arlene aprendera a técnica de sobrevivência de ficar quieta para manter a paz? Um relacionamento saudável nos ajuda a crescer em áreas que, sob um ponto de vista emocional, espiritual e físico, são subdesenvolvidas.

Geral	Específico
Preciso que você seja mais atencioso.	Seria muito importante para mim que você me ligasse quando fosse chegar tarde do trabalho.
Preciso de atenção.	Eu gostaria que, pelo menos uma vez nesta semana, você me cumprimentasse com um beijo, quando chegasse em casa.
Preciso de espaço.	Preciso de uns quinze minutos sozinho, quando chego do trabalho, para trocar de roupa e mudar de marcha. Aí, então, terei mais para oferecer a você e às crianças.
Preciso que você preste mais atenção em mim.	Estou pedindo que uma noite por semana a televisão fique desligada, para termos mais tempo realmente juntos.
Preciso que você leve em consideração meus sentimentos.	Eu me sentiria respeitada se você não brincasse que estou com TPM sempre que fico chateada.

Como pedir o que você precisa

Gostamos de pensar que nosso parceiro mais íntimo – aquele que nos conhece melhor – é capaz de ler nossa mente. Quantas vezes dizemos: "Se você me conhecesse mesmo, saberia o que eu quero!" Mas ninguém lê a mente dos outros, por maior que seja o amor. Precisamos pedir. É tão simples e, ao mesmo tempo, tão difícil.

Eu encorajo os casais a aprender a pedir o que precisam usando três diretrizes que ajudam a promover uma reação satisfatória:

1. Pense pequeno. Um pouquinho por vez. Algo concreto e realizável.
2. Pense em coisas específicas. Peça exatamente o que você precisa.
3. Pense positivo. Não ameace nem acuse. Que a satisfação de suas necessidades seja benéfica para os dois.

Exercício 1: **Fazer um pedido**

Escreva três pedidos simples e específicos que você pode fazer ao parceiro. Por exemplo, você poderia pedir isto: "Quando meus pais vierem nos visitar, eu gostaria que você se sentasse comigo logo que eles chegarem e que os recebesse por algum tempo".

Parece um pedido específico, mas pode ser mal interpretado. Faça-o de maneira mais específica: "Quando meus pais vierem nos visitar, eu gostaria que você ficasse conosco por pelo menos uma hora, logo que eles chegarem, ajudando-os a se sentirem à vontade". Esforce-se para fazer os pedidos da maneira mais concreta possível. Como diz o ditado, o diabo está no detalhes. São as letrinhas miúdas do contrato de nossa vida que nos fazem tropeçar.

Pratique os atos de pedir e reagir. Logo, você vai aprender e gostar. Um casal que conheço tem uma "noite de pedidos" por semana. Só o fato de você saber que pode contar com a satisfação de uma simples necessidade já resulta num efeito transformador. Ser respeitado na ação leva você a *sentir-se* respeitado, o que por sua vez permite aprofundar as ligações íntimas.

Honrar a pessoa com quem você está

Quando você promete honrar o parceiro, está, na verdade, prometendo duas coisas: que verá a pessoa como ela é e que a respeitará. Um homem que conheço me disse que estava na casa dos sogros, e a sogra passou a chamá-lo pelo nome do primeiro marido da filha. "Era desconcertante", ele disse. "Eu olhava para minha mulher, esperando que ela dissesse: 'Mãe, o nome dele é John, não Steve'. Em vez disso, ela ria e dizia: 'Ah, mãe, você é uma graça!' Não achei graça nenhuma, mas fiquei de boca fechada."

Você não pode honrar uma pessoa que tem de viver uma mentira para estar ao seu lado. Não pode honrar uma pessoa que não existe, exceto em sua fantasia. Mas é assim que ocorrem muitas mentiras no altar.

Um casal foi ao meu consultório porque estava sofrendo muito e à beira do divórcio. Eu não tinha certeza se poderia ajudá-los, pois a disputa girava em torno de valores essenciais. Jacki e Michael estavam casados havia seis anos, e era evidente que os dois se amavam muito. A desarmonia que os estava separando era clássica: Jacki queria muito ter um filho, e Michael não queria isso de jeito nenhum.

"Nós conversamos muito sobre esse assunto antes de nos casarmos", Michael explicou, na defensiva. "Nada ficou vago nem deixou de ser discutido. Fui sincero com Jacki. Não queria ter filhos, e, se nos casássemos, ela teria de aceitar isso. Ela concordou. Ela sabe o quanto a amo. Nosso casamento tem sido maravilhoso. Agora, depois de seis anos juntos, ela me diz que precisa ter um filho, senão sua vida ficará vazia e ela não se sentirá realizada. Estamos sempre brigando por causa de um assunto que eu já considerava resolvido."

Jacki admitiu que tudo que Michael dissera era verdade. "Mas as pessoas mudam", ela concluiu. "Na época, eu não sabia que me sentiria assim. E não sabia com certeza, quando nos casamos, que ele nunca ia querer filhos." Jacki se sentia péssima. Tinha de enxugar as lágrimas enquanto falava.

"Não estou aqui para julgar você", eu disse a Jacki. "Mas deixe-me entender uma coisa. Quando, antes de se casar, você concordou em não ter filhos, achava que haveria a chance de mudar depois?"

Ela assentiu: "Sim. Eu não queria perder Michael. Achei que ele mudaria de idéia um dia. Nosso casamento é ótimo. E eu acho que ele seria um ótimo pai".

Jacki se colocara diante do altar e prometera honrar Michael, mas não o estava aceitando como o homem que ele era. Quando olhava para ele, via um pai, o pai de seus futuros filhos, embora ele tivesse deixado absolutamente claro que não tinha a menor intenção de se tornar essa pessoa. E, embora seja verdade que algumas pessoas resistentes à paternidade mudam de opinião quando se sentem seguras no casamento, e então despertam para novos sentimentos, não se pode fazer um voto esperando que a outra pessoa mude em relação a pontos vitais para ambos os parceiros.

"Jacki mentiu", eu disse a Michael. "Ela mentiu para si mesma e para você. Mas desconfio que você também mentiu um pouco. Deve ter havido algum indício de que Jacki, um dia, desejaria ter filhos. Ela concordou com seu ultimato contra a própria vontade porque o amava e queria passar o resto da vida com você. Você acreditou, sem pestanejar, que ela aceitava seus desejos, esperando que o assunto nunca mais viesse à tona." Michael suspirou e disse: "Talvez eu também tivesse alguma dúvida".

Michael e Jacki haviam se envolvido em um engano mútuo em torno de um valor essencial, e as conseqüências eram potencialmente catastróficas. Os dois se encontravam em um verdadeiro impasse. O único modo de resolverem o dilema seria olhar para o passado e descobrir em que ponto se encontravam as raízes da negação e do engano. Eles se surpreenderam quando sugeri que, em primeiro lugar, a questão não estava relacionada a ter ou não ter filhos. "Vocês precisam saber quem *vocês* são, primeiro. Vocês vêem isso como um debate externo, completamente fora de vocês. Cada um tem posições fortes, mas não sabe por quê."

Quando perdemos a compostura, ou batemos o pé com teimosia, chamo isso de seqüestro emocional. É como se um terrorista desconhecido tivesse entrado em nossa cabeça e em nosso coração e invadido ou dominado a cabine de comando de nosso eu racional. Eu pergunto às pessoas: "O que você estava pensando quando disse que preferiria abandonar sua parceira antes de sequer pensar em ter filhos?", ou "O que você estava pensando quando gritou com sua parceira, insultando-a e chamando-a de tudo quanto era nome, exceto filha de Deus?", ou ainda "O que você estava pensando quando aplicou a seu parceiro o tratamento do silêncio até ele fazer o que você queria?" A resposta, quando a pessoa é sincera, costuma ser: "Eu não estava pensando". Então eu digo: "Certo, agora vamos trabalhar com a verdade". Só as pessoas que sofrem seqüestro emocional se comportam de um jeito que causa medo ao parceiro. E, quando o medo impera, não há esperança de satisfazer as necessidades de ambos. Se você aprender a manipular seu parceiro com medo, ameaças de infidelidade, afastamento emocional (o tratamento do silêncio), ou outras formas de extravasamento emocional ou físico, você pode conseguir temporariamente o que quer, mas no fim perderá a confiança, o respeito e às vezes até o amor dele.

No decorrer dos meses, examinamos a infância de Michael e de Jacki para desvendar as feridas que ainda os prendiam. Ele vinha de uma família de Testemunhas de Jeová. Desde muito pequenos, ele e seus irmãos eram levados de porta em porta, em bairros desconhecidos, para divulgar sua literatura e pregar sua religião. Michael achava isso cansativo e doloroso. A maioria das pessoas não os recebia bem, e com freqüência a porta era fechada diante de seu rosto, deixando-o ali nervoso e tremendo. Lembrando-se de tais episódios, Michael se sentava em meu consultório com lágrimas nos olhos. "Eu jurei jamais trazer crianças ao mundo para que fossem destruídas daquela maneira", ele disse.

O mais tocante para mim era o modo como aqueles antigos sentimentos eram tão claros para Michael, pois finalmente ele se sentira suficientemente seguro para expressá-los. Michael lutara contra sua própria religião por muitos anos. Partes dela ainda eram muito importantes para ele, e outras não faziam mais sentido. Casar com uma mulher que não era da mesma religião já não era bom. Ter um filho e ser forçado a lidar com questões mal resolvidas, enquanto tentava abrir um caminho mais saudável para a criança, seria demais. Até aquele momento, seu seqüestro emocional era tão grande que ele nunca conseguira discutir a questão com Jacki.

Enquanto Jacki escutava, o silêncio era tanto que se poderia ouvir um alfinete cair. Eu via que algumas das posições fechadas e acusadoras dela começavam a se dissolver. Ela queria conhecer o marido com profundidade, intimidade e amor, e aquela era a chance. Ela não a desperdiçaria naquele momento ficando retraída ou se perdendo em seus próprios sentimentos seqüestrados.

Para Michael, ser pai era igual a trazer dor. Ele não confiava em si para quebrar aquele ciclo, por isso decidira jamais ter filhos. Ao conseguir ver as ações de seus pais como exclusivamente deles e rejeitar aquele legado, ele se sentiu menos receoso. "Você tem a liberdade de escolher não ter filhos", eu lhe disse. "Mas essa escolha deve partir de seu poder, não de seu medo."

O mesmo servia para Jacki. Ela crescera ouvindo que uma mulher sozinha não seria plenamente feliz – precisava de um casamento e de filhos para se sustentar. Como essa crença tinha raízes tão profundas e era sempre reforçada pela sociedade, Jacki jamais a questionara. Ficou perplexa ao descobrir que a fonte de seu grande desejo de constituir uma família com Michael era o terror de não poder existir sem ela.

Pela primeira vez, Jacki percebeu que seu desespero e a pressão que ela exercia sobre Michael não tinham a ver com ser mãe e partilhar a alegria com o marido. Era uma resposta à advertência de sua mãe de que o único modo de uma mulher se realizar plenamente era casando-se com o homem certo e tendo filhos com ele. O marido ela já tinha, mas ainda precisava de um filho para realizar os sonhos de sua mãe e ganhar o amor e aprovação dela. Jacki não descobrira até então que a dor da infância por não ser aceita pela mãe havia se filtrado no casamento com aquele homem que a amava e a aceitava como ela era. Sem reconhecer a bondade de Michael e a dádiva de aceitação que ele lhe dava, ela estava tentando idealizá-lo, exatamente como a mãe a idealizara.

Como o amor e o respeito entre eles era muito forte, Michael e Jacki concordaram em trabalhar para enfrentar seus medos e crescer juntos. Embora soubessem que seria difícil, estavam entusiasmados com a possibilidade de decidir o futuro juntos – incluindo a questão de ter ou não filhos –, em vez de deixar as feridas da infância tomarem a decisão.

No fim, o que parecia impossível se tornou realidade. Eles compreenderam plenamente o que fora colocado em sua mesa conjugal pelos pais, pela sociedade e por outras influências. Jacki não tinha mais certeza de que queria ter filhos, pelo menos no momento. Primeiro, precisava separar suas necessidades das necessidades da mãe – e perceber até que ponto estava tentando ganhar a aceitação dela. Michael estava disposto a pensar no assunto de ser pai, pois percebera que seria capaz de fazer escolhas melhores para seus filhos do que seus pais haviam feito para ele. Ele sabia também que, se Jacki ainda quisesse um filho, agora seria pelo amor mútuo entre os dois. O que antes parecia um rompimento de acordo no relacionamento tornou-se um fator reconciliatório. Eles fizeram um pacto para verdadeiramente amar, honrar e respeitar um ao outro. Aquele era o real início dos votos de casamento deles sendo vividos em sua totalidade, e o melhor ainda estava por vir. Tínhamos testemunhado o milagre do empenho de dois corações abertos, vulneráveis e honestos e da humildade necessária para partilhar suas histórias sagradas. Isso é amor em ação, que é possível quando a maturidade e a compaixão prevalecem sobre a busca por estar certo e vencer.

Mesmo quando a questão é menos crítica, conflitos de identidade causam problemas no casamento.

Os amigos de Kathy a chamavam de "a superanfitriã", porque ela adorava receber pessoas e preparar festas chiques, principalmente em feriados e aniversários. Seu marido, Craig, tolerava aquela paixão, já que a deixava tão feliz, mas tentou impor limites quando chegou o aniversário dele.

Durante anos, antes de conhecer Kathy, Craig preferira passar o aniversário praticamente sozinho, fazendo algo agradável que lhe desse tempo para refletir – caminhar, passear de caiaque ou escrever seu diário. Sua família nunca dera grande importância a aniversários. Ele não gostava da festa nem do bolo de aniversário e achava tolice incentivar as pessoas a gastar dinheiro com presentes de que ele não precisava ou nem queria.

Kathy não compreendia por que Craig queria ficar sozinho em seu aniversário. Na família dela, os aniversários eram motivo de celebração, com bolo, velas, muitos presentes e a presença de todos os parentes. Uma grande festa era a melhor maneira de ela expressar amor.

No primeiro ano de casados, Kathy anunciou a Craig que havia convidado algumas pessoas para a festa de aniversário dele e planejara um jantar especial e um bolo. Aquilo gerou um confronto emocional.

Craig: Cancele, Kathy. Você sabe que eu não gosto de festa em meu aniversário.
Kathy: Mas eu quero fazer uma coisa especial para você, meu amor.
Craig: Você pode fazer isso me deixando em paz.
Kathy: Você não me ama?
Craig: Faça sua festa, se é tão importante, mas me deixe fora dela.

Kathy queria que Craig ficasse feliz com os planos para o aniversário, porque era o jeito dela de expressar amor. Quando ele rejeitou esses planos, sua reação hipersensível foi: "Você não me ama?" Ela não percebeu que seu jeito de fazer algo especial para Craig era, na verdade, uma forma de preencher suas próprias expectativas, de fazê-la sentir-se bem consigo mesma, e não uma maneira de satisfazer as expectativas do marido e fazê-lo se sentir bem. Ele não queria uma grande celebração, e Kathy já sabia disso.

Craig, por sua vez, piorou a situação, transformando uma preferência sua em uma rejeição explícita ao desejo de Kathy de lhe fazer algo especial.

Kathy não percebeu que, com o pretexto de agradar Craig, estava apenas satisfazendo as próprias necessidades. Estava fazendo aquilo para si mesma, não para ele. Ela nem sequer o estava vendo. Ela sabia quem ele era. Sabia que ele não gostava das mesmas coisas que ela.

Uma conversa mais respeitosa teria sido assim:

Kathy: Eu quero fazer uma coisa especial para você em seu aniversário. Diga-me o que você quer.
Craig: Eu gosto de passar algum tempo sozinho em meu aniversário, refletindo sobre minha vida. Acho que vou tirar o dia de folga e fazer uma caminhada. Você não poderia me fazer um daqueles famosos sanduíches de peru para eu levar?

Kathy: Claro. E a gente podia ter um jantar tranqüilo depois.
Craig: Perfeito.

Seria importante Kathy compreender que a necessidade de homenagear Craig de um jeito que não o honrasse era uma maneira de ela se apegar a lembranças da infância. A mãe de Kathy morrera de Alzheimer, e seu pai havia sido diagnosticado com a mesma doença. A tentativa de recriar lembranças felizes era o jeito de Kathy evitar a dor e o medo de perder os pai e a própria vida como ela conhecia. Quando Kathy finalmente entendeu isso, parou de usar Craig como escudo contra sua dor e seu sofrimento. E, à medida que Craig passou a compreender melhor a luta de Kathy, ele pôde expressar mais compaixão pelas perdas dela. Enquanto Craig e Kathy continuam vivendo no mundo com diferentes ritmos sociais, a honra, o carinho e o respeito que desenvolveram pelo estilo exclusivo de cada um tornaram a fibra de seu casamento incrivelmente forte é sólida.

A principal forma de desrespeito em uma relação íntima é recusar-se a ver a verdade da outra pessoa. Isso é particularmente importante no casamento, pois é quando costumamos nos expor mais. Quando você se coloca nu e vulnerável diante do parceiro e diz "eu sou assim", é devastador ouvi-lo dizer "não aceito, por isso vou moldar você e transformá-lo numa pessoa melhor".

Então, qual é a resposta? Como podemos honrar nosso parceiro e ao mesmo tempo satisfazer nossas necessidades? O compromisso requer uma abertura para esculpir as camadas de crenças impregnadas que você carrega desde a infância e criar algo autêntico que pertença a você. Assim, se você precisa comemorar um feriado de determinada maneira porque resolveu recriar imagens de alegria infantis (que talvez nem na infância fossem tão alegres assim), você não pode ser um parceiro pleno. Você deve reconhecer que há outra pessoa presente que precisa de consideração. Ou, se você tem uma perturbação emocional e diz "em minha família, nós somos fechados assim", então precisa abandonar essa antiga auto-imagem caso ela não funcione em seu casamento.

Tanta gente se divorcia hoje em dia por ser incapaz de se unir a seu cônjuge no presente e se dedicar totalmente à tarefa de construir o futuro. Essas pessoas estão presas à página de sua história que diz FIM, antes mesmo de o casamento começar. Comprometa-se a começar seu casamento pela primeira página.

Exercício 2: **Definindo o amor em ação**

Usando as definições de AMOR, HONRA e RESPEITO descritas no início deste capítulo, vocês dois, separadamente, devem completar as seguintes afirmações:

Eu experimento o AMOR quando você _____ .
Eu experimento a HONRA quando você _____ .
Eu me sinto RESPEITADO quando você _____ .

Eu expresso o AMOR quando eu _____ .
Eu expresso a HONRA quando eu _____ .
Eu expresso RESPEITO por meu parceiro quando eu _____ .

Quando terminarem, mostrem as respostas um ao outro. Discutam o que aprenderam um do outro. O que surpreendeu você? Faltou alguma coisa que tenha valor? Alguma coisa que foi dita traz preocupação?
Este exercício pode criar um vínculo real, que talvez não existisse até agora. Ser capaz de transformar promessas vagas em afirmações concretas e ações tangíveis tem um revigorante efeito de cura no relacionamento. Vocês podem descobrir que amar, honrar e respeitar não são fardos pesados e que vocês não precisam ter medo de que esses votos os façam desaparecer como indivíduos.

4

Renunciar aos outros

> SEJA FIEL NAS PEQUENAS COISAS,
> POIS É NELAS QUE SE ENCONTRA SUA FORÇA.
> – *Madre Teresa*

A maioria das pessoas pensa que o voto de renunciar aos outros se refere apenas ao ato sexual, mas essa é só uma parte. A ironia é que ser fiel sexualmente é apenas uma das preocupações. As outras formas de infidelidade acabam criando um conflito tão profundo nos casamentos quanto os causados pela infidelidade sexual.

Quando prometemos renunciar aos outros, nós queremos de fato dizer:

> Exceto minha família – o sangue é mais forte que o casamento – e, claro, meus amigos, incluindo meu ex(agora somos mesmo só amigos). Ah, é óbvio, meus filhos do primeiro casamento sempre virão em primeiro lugar... Os domingos são reservados para o jantar com meus pais... E você sabe o que eu sempre digo: "Ame-me, e ame também o Toby, meu cachorro".

Ou ouvimos uma pessoa dizer, com toda seriedade:

> Nós seremos muito unidos e ficaremos totalmente realizados na companhia um do outro. Recusaremos a maioria dos convites para eventos

sociais (e, mesmo quando aceitarmos, eu vou resmungar e reclamar o tempo todo). Nunca faremos viagem alguma sem a companhia um do outro e desejaremos sempre as mesmas coisas (eu vou lhe dizer exatamente que coisas são essas). E não se incomode se minhas atitudes forem carregadas de ciúme obsessivo. Só sou assim devido ao grande amor que sinto por você.

Qual é o *seu* discurso? Sob quais regras você opera? Quais são seus medos secretos? Você acredita que o sangue é mais forte que os votos, que a lealdade ao cônjuge é uma traição a seu contrato familiar? Você acredita que seus amigos íntimos serão sempre os mesmos? Os votos não significam que todos os seus outros relacionamentos devem acabar, mas que eles apenas terão uma nova posição em sua vida, um novo lugar à "mesa do casamento".

A mesa do casamento

Quando você se apaixona perdidamente pela primeira vez, a idéia de estar a sós com a pessoa amada em uma ilha deserta pode parecer muito atraente. Mas logo você se entediaria, caso esse sonho se realizasse. Todos os relacionamentos existem dentro de uma comunidade maior, onde são alimentados e amadurecem.

Eu gosto de visualizar o cenário de um novo relacionamento como uma mesa de casamento. Não é uma mesa íntima para dois. Pelo contrário, é uma mesa de banquete, com cadeiras extras para acomodar todas as pessoas que têm influência sobre o noivo e sobre a noiva. Algumas pessoas precisam de muitas cadeiras, outras nem tanto. Como é a *sua* mesa de casamento?

Imagine você e seu cônjuge sentados juntos, ao centro de sua mesa do casamento, com os convidados já acomodados a cada lado. À direita do noivo, você verá os pais, avós, um ou dois tios, vários irmãos com seus respectivos cônjuges e filhos. À esquerda da noiva, você verá uma multidão semelhante, maior ou menor, dependendo do tamanho da família. Dos dois lados, você notará um casal de figuras fantasmagóricas pairando sobre os outros. Toda família tem membros já falecidos cuja influência continua tão forte quanto no tempo em que eram vivos. Os que se foram nunca saem realmente da mesa.

Olhando ainda em volta da mesa (de acordo com a ordem de influência), você vai encontrar: filhos de um casamento anterior, o chefe da noiva, a ex-esposa do noivo, uma colega de quarto, o velho amigo do colégio, o primeiro namorado, o médico da família, os melhores amigos do casal, vários colegas de trabalho, um ou dois terapeutas, um pastor, um rabino, um imã, os vizinhos, o gato, o cachorro e algumas cadeiras para as crianças pequenas. Uau! É uma mesa grande.

No canto oposto da mesa, algumas vezes falando baixo e outras vezes gritando, dominando a conversa, estão as vozes do passado – aquelas que levantaram você ou o empurraram para baixo –, seus modelos raciais, sexuais, religiosos e sociais.

Com o passar do tempo, alguns convidados saem da mesa. Outros se sentam em lugares diferentes, dependendo das circunstâncias. Novos rostos aparecem. A mesa do casamento é um local concorrido, mutável, como a brincadeira da dança das cadeiras.

Ocasionalmente, um dos dois olha, vê um novo convidado e sussurra para o cônjuge: "Quem convidou *aquele* ali?" Você acabará descobrindo que a vida a dois está irremediavelmente ligada à de seus convidados junto à mesa do casamento. Seus maiores conflitos envolverão essas pessoas, e o sucesso de seu casamento dependerá, em grande parte, de como você administrará esses conflitos. Haverá momentos, porém, em que você verá os rostos a seu redor e sentirá uma imensa alegria e gratidão.

Quem é o número 1?

Todos nós ansiamos por um relacionamento especial. Todos nós queremos alguém que esteja ao nosso lado para o que der e vier. Ansiamos por aquela pessoa que nos defenda e seja nossa aliada no mundo. É por isso que o casamento tem um lugar tão especial. É um vínculo maior, mais profundo e íntimo que qualquer outro. É como a experiência de encontrarmos um pedaço de nós que estava faltando, motivo por que os namorados dizem "você me completa" ou "você é minha alma gêmea". As pessoas apaixonadas dizem que estavam destinadas a se encontrar, como se tivessem sido separadas no nascimento e se reencontrassem quando adultas.

Essa intimidade especial pode ser poderosa e maravilhosa, mas também pode trazer à tona o medo do abandono, que é o resíduo soterrado de feridas da infância. Nossa primeira experiência de vida foi de simbiose. Vivíamos na barriga de nossa mãe. A respiração dela era a nossa, e seus órgãos sustentavam e nutriam os nossos. O dia de nosso nascimento é também um dia de separação traumática do casulo de segurança. Como brincou um comediante, certa vez: "Não é à toa que os bebês choram quando são tirados da barriga da mãe. Eles nunca mais poderão voltar!"

A total vulnerabilidade da vida jovem solidifica a necessidade dessa proximidade. Os bebês e as crianças pequenas experimentam um medo primordial de abandono porque são completamente incapazes de cuidar de si próprios. Nas condições ideais, uma criança aprende aos poucos a se separar e a fazer julgamentos que não são puramente emocionais ou baseados no medo. No entanto, se o lar é um local perigoso ou incerto, se os adultos são incapazes de promover uma sensação de bem-estar, e se os pais não estão atentos às necessidades mais verdadeiras da criança, o medo do abandono ficará impresso no cérebro dela. Isso terá um impacto na vida adulta, até que as questões pendentes sejam reconhecidas, abordadas e resolvidas.

Não são apenas os sobreviventes de traumas na infância que lutam contra esses medos. Mesmo que você tenha crescido em um ambiente amável e fortalecedor e seja um adulto razoavelmente bem ajustado, a intensidade do amor romântico pode gerar uma sensação semelhante à simbiose do ventre materno e desencadear as carências da mais tenra infância. Em meu consultório, os casais costumam falar de como se sentem desamparados diante de emoções poderosas. Não compreendem por que são sufocados por súbitos ataques de raiva ou desilusão – por que um olhar ou uma palavra do parceiro pode apertar a tecla que os coloca na esfera do mal-entendido, do ressentimento e da dor.

Não surpreende que essas emoções sejam mais fortes quando a lealdade do parceiro está em foco. Quando seu companheiro à mesa do casamento sai do seu lado para se sentar com a mãe, ou sua companheira vai se sentar com as amigas, isso pode desencadear aquelas antigas sensações de abandono.

A mãe de Jim tinha 80 anos e era uma mulher dinâmica, independente, que vivia sozinha desde a morte do marido, dez anos antes. No entanto, após ela sofrer um pequeno derrame, Jim sabia que ela não poderia mais morar sozinha. "É claro, para mim, que a única solução é minha mãe vir morar conosco quando sair do centro de recuperação", Jim disse a Pamela, sua mulher. As palavras de Jim provocaram em Pamela um turbilhão de raiva e ressentimento. Aquilo era motivo para iniciar uma briga. Ela mal conseguia tolerar aquela mulher a distância. Como Jim podia esperar que elas vivessem juntas? A conversa foi explosiva:

Pamela: De jeito nenhum! Se ela vier para cá, eu saio.
Jim: Ela é velha e doente. Nós temos a responsabilidade de cuidar dela.
Pamela: A responsabilidade não é minha. Você obviamente nem vai ligar se *eu* ficar doente com ela morando aqui.
Jim: Como você pode ser tão cruel?
Pamela: Cruel? Como você se atreve? Acho que agora sei onde fui me meter.

Quando me procuraram, os dois mal se falavam. O ar estava carregado com o combustível explosivo de tanta raiva, mágoa e acusação. Os dois estavam convictos de suas posições e de que o outro estava errado e era egoísta.

Jim admitia que sua mãe era uma pessoa difícil, mas, como seu único filho, ele achava que tinha toda a responsabilidade de cuidar dela. Quando o pai ainda era vivo, ele não se preocupava, mas agora sentia que precisava segurar as pontas. "O que mais posso fazer?", ele se perguntou.

Pamela estava furiosa por Jim ter lhe apresentado uma decisão unilateral, sem considerar os sentimentos dela. Ela se sentia traída por Jim insistir em uma situação que, ele sabia, a deixaria infeliz. Ela comentara tantas vezes com Jim sobre como sempre carregara um peso nas costas quando criança, justamente por ser a filha mais velha de uma família grande. Ela se sentia usada por sua mãe para cuidar dos irmãos mais novos, e isso sempre a incomodara. Agora que estava se preparando para fazer o que *ela* queria pela primeira vez na vida, ele estava fechando a porta de sua liberdade.

Como os dois poderiam quebrar aquele impasse? "Parece que não tem solução", Jim disse, pesaroso. "Concordo", eu disse. "*Não tem solução enquanto vocês tratarem a discussão como um debate no qual um será declarado vencedor. Deixem-me dar uma idéia alternativa. Em vez de ver esse conflito como um debate, tentem encará-lo como uma discussão positiva para a resolução de um problema entre duas pessoas comprometidas a cuidar uma da outra e de si próprias.*" Respeito e compaixão pelo parceiro – sim, mesmo diante de um impasse – são essenciais para iniciar os verdadeiros reparos.

Quando os casais brigam, eles geralmente já estão preparando o argumento seguinte, em vez de escutarem um ao outro. Eles estão ou falando ou esperando para falar, o que cria muralhas de isolamento e fúria na relação. À medida que o conflito se agrava, ele se desvia de rumo e cai em acusações e recriminações que se aproximam do choro de raiva de um bebê:

Ele: *Buá!*
Ela: *Buá! Buá!*
Ele: *Buááá!*

Assim é muito difícil resolver qualquer problema. O primeiro passo na tentativa de uma conversa útil é escutar com amor. Isso significa ser capaz de ouvir o que o parceiro está dizendo.

Eu pedi que Pamela dissesse a Jim como ela se sentia, e que ele escutasse com empatia. Escutar com empatia significa deixar de lado os interesses e a atitude defensiva por algum tempo e abrir o coração e a mente para os sentimentos do outro. Esse é um sinal de compromisso e maturidade. Quando você escuta com empatia, cria um clima de segurança, respeito e amor.

Pamela: Quando você anunciou que sua mãe tinha de morar conosco, eu me senti magoada por você não levar em conta os meus sentimentos. Passei todos esses anos criando as crianças, e agora, que posso ter algum tempo para mim, vou ficar presa em casa com sua mãe, que você sabe que eu só agüento em pequenas doses. E parece que você nem liga por eu estar infeliz.

Quando Pamela parou de falar, eu me virei para seu marido: "Jim, vamos ver se você ouviu o que Pamela disse. Repita a ela as palavras dela, começando assim: 'Se entendi bem, você está dizendo...'" Dizer essas palavras parece que tira um pouco da arrogância de achar que sabemos o que o outro vai dizer. Isso levanta a possibilidade de que podemos estar perdendo o barco e não captando a essência do que se diz. Traz à tona a realidade muito comum de não termos ouvido o que nosso parceiro disse. Com freqüência, nós respondemos às vozes dentro de nossa cabeça.

Jim: Se entendi bem, você está dizendo que se sentiu magoada quando eu falei que minha mãe ia morar conosco porque eu não pensei nos seus sentimentos. E você tem medo de ficar presa em casa, com mamãe doente, e isso a deixa infeliz. Entendi bem?

Pamela assentiu. "Agora, Jim", continuei, "sabendo desse problema de Pamela, de que ela sente que foi usada na infância, você entende os sentimentos dela?"

"Entendo, sim. Sei que seria difícil para ela. Além disso, ela e minha mãe não combinam em muitas coisas", Jim disse, em tom humilde.

"Não diga isso a mim", respondi. "Olhe para Pamela e diga a ela suas palavras de compreensão." Então Jim fez isso – e com maestria, devo acrescentar.

"Então, como você acha que Pamela se sente?", perguntei.

"Presa, encurralada, desrespeitada, assustada e magoada", ele respondeu. "Zangada, também."

"Pergunte-lhe se ela sente isso, mesmo." Ele perguntou. Pamela baixou a cabeça e chorou baixinho, murmurando: "Sim, é assim mesmo que me sinto".

Por que ela estava chorando? Por ter sentido o carinho, a honra e o respeito de Jim que nunca recebera desde a infância. Essa necessidade insatisfeita ainda exigia atenção em sua vida adulta e em seus relacionamentos.

A habilidade de expressar empatia é uma ferramenta incrível no diálogo de um casal. Pode tirá-los de uma situação em que se sentem a quilômetros de distância um do outro e fazê-los se sentir juntos numa mesma sala, onde conseguirão se comunicar e criar pontes de ligações íntimas, num lugar em que só existiam muralhas de pedra.

Em seguida, nós invertemos o processo, fazendo Jim expressar seus sentimentos e Pamela escutar com um coração empático, aberto e curioso.

Jim: Quando meu pai morreu, ele me implorou que cuidasse de minha mãe. Ele estava muito preocupado com ela. Eu lhe disse que cuidaria dela, e ele me fez repetir a promessa várias vezes. Ela só tem a mim. Não sei o que mais posso fazer.

Pamela: Eu ouço você dizer que prometeu a seu pai que sempre cuidaria de sua mãe, e você não sabe como fazer isso sem que ela more conosco.

Quando Pamela reconheceu os sentimentos de Jim e expressou empatia, o clima na sala mudou de crítico e acusatório para tranqüilo, compreensivo e amoroso. O exercício havia trazido de volta a sensação de proximidade. A raiva se dissolvera. Agora, eles estavam prontos para trabalhar na resolução do problema, começando com a preocupação mútua com relação à mãe de Jim e demonstrando um profundo sentimento de carinho e devoção um pelo outro. As linhas de lealdade e devoção de um para com o outro em primeiro lugar estavam agora bem estabelecidas. Para Jim, o problema era o peso que ele carregara por toda a infância por ser filho único, reforçado pelo pai antes de morrer: *Cuide de sua mãe a qualquer custo, inclusive sacrificando sua própria vida.*

Considerando as opções, Jim e Pamela concluíram que havia uma terceira pessoa que devia ser ouvida, antes de tomarem uma decisão: a mãe de Jim. O que ela queria? Sabendo que sua preferência seria continuar independente, eles resolveram conversar com o pessoal do centro de recuperação e descobrir como eram as condições no local e que serviço eles poderiam prestar a ela. Também concordaram em investigar as opções em longo prazo, caso a saúde dela se debilitasse. Os dois saíram do consultório como um time, ambos dispostos a trabalhar juntos.

Um dilema impossível foi solucionado. Duas portas fechadas se converteram em uma porta aberta. A grande mudança para Jim e Pamela não era o destino da mãe dele, e sim a escolha consciente dos dois e o desejo mútuo de trocar a força isoladora do ego pela postura madura da consideração e da colaboração.

Ame-me, ame meu filho

Outro conflito comum que costuma ser ignorado nas preparações para o casamento surge quando um dos parceiros, ou os dois, tem filhos de relacionamentos anteriores. Isso acontece com cada vez mais freqüência. Hoje, mais de 65% de todos os segundos casamentos envolvem filhos, e há vinte milhões de segundas famílias na América. As pessoas costumam imaginar seu futuro como uma cena da série de TV *A família do ré mi*, na qual, de maneira milagrosa, duas famílias diferentes, com seus estilos e formas de lealdade próprios, se integram harmoniosamente em uma única unidade familiar feliz.

Isso não acontece. Quando você leva seus filhos para o casamento, a dinâmica se transforma desde o início. Vocês nunca têm a chance de ser "nós dois". Isso ocorre mesmo quando os filhos já são adultos.

Stephen e Laura se conheceram com 40 e poucos anos, e aquele era o segundo casamento de ambos. Stephen não tinha filhos, e Laura tinha um filho de 23 anos, Greg, que estava na faculdade em outro estado. Ele se formou um ano depois de os dois se casarem e, ao voltar para sua cidade, arrumou um emprego numa empresa de lá. Laura estava felicíssima por ter o filho morando perto e se dedicou a ajudá-lo. Gastou muito dinheiro e tempo montando o apartamento dele, enchendo sua geladeira de comida e lavando sua roupa. Para Laura, era um trabalho de amor, mas Stephen tinha outra visão. Ele não só achava que Laura estava paparicando demais Greg, mas se ressentia de todo o tempo que ela passava com o filho.

Nem Laura nem Stephen perceberam que esse confronto pairava acima da serena existência do casal. Como Greg estivera longe de casa durante todo o período do namoro e do casamento, Laura e Stephen nunca haviam discutido qual seria o papel do rapaz na vida deles. Laura presumia que, se o filho voltasse para casa depois da faculdade, ela estaria muito envolvida com ele, mas se esqueceu de mencionar isso a Stephen. Por sua vez, Stephen imaginava que Greg estaria ocupado com suas coisas e só os afetaria superficialmente. Como Stephen não tinha filhos, não pensava muito no assunto. Além disso, sempre fora auto-suficiente quando jovem, e presumia que Greg também seria (ou deveria ser). Esta é uma das maiores causas de problemas para um casal: a fantasia de que "somos todos iguais".

Agora, Stephen se sentia um intruso, negligenciado e ciumento. Ele fez justamente aquilo que com certeza provocaria a raiva de Laura – atacou seu filho:

Stephen: Você paparica demais esse seu filho mimado.
Laura: Mimado? Você não tem o direito de atacar meu filho.
Stephen: Ora, Laura. O garoto já tem 24 anos. Ele consegue se virar sem a mamãezinha.

Laura: O que você quer dizer com isso?
Stephen: Vejo que, se você tivesse que escolher entre mim e ele, ficaria com ele.
Laura (*saindo da sala*): Ora, cresça!
Stephen (*gritando para ela ouvir*): Por que você não vai morar com ele? Assim, os dois ficariam felizes.

Socos! Pontapés! Era um vale-tudo verbal, e tanto Laura quanto Stephen saíram machucados e sentiram que a culpa era totalmente do outro.

Em meu consultório, eu os ajudei com o exercício do espelhamento, que teve o efeito de descarregar a tensão do ar e permitir que os dois de fato conversassem sobre o filho de Laura. No decorrer da conversa, cada um revelou uma verdade notável.

Tentei ajudar Stephen a entender por que o relacionamento de Laura com o filho lhe causava tanta dor. Era óbvio que a questão não era o dinheiro nem o tempo que Laura gastava com o rapaz. Ele pensou um pouco e então disse: "Meus pais me ensinaram a andar com as próprias pernas. Quando eu tinha a idade de Greg, já me sustentava havia anos. Não era fácil. Lembro-me de que certa vez estava praticamente sem um centavo e não tinha como pagar o aluguel. Liguei para meus pais e pedi dinheiro emprestado – uns cinqüenta ou cem dólares, algo assim. Meu pai disse: 'Não posso ajudar'". Stephen deu um sorriso amarelo, com essa lembrança. "Acho que ele estava tentando formar meu caráter."

"E como você se sentiu?"

Stephen balançou os ombros.

"Imagino que tenha se sentido sozinho e assustado", eu disse.

"Sim." Ele olhou para as próprias mãos. "Eu bem que precisava de ajuda."

"Teria sido reconfortante se eles o tivessem ajudado", comentei. "Quando você vê Laura fazendo tanto pelo filho, talvez deseje que tivesse sido assim com você."

Stephen ficou alarmado com minhas palavras. Nunca lhe havia ocorrido ver a situação por esse prisma. Freqüentemente, nós escolhemos um parceiro por causa de algum negócio inacabado do passado. Em Laura, Stephen encontrara a presença reconfortante que sempre desejara. No entanto, quando ela começou a cuidar do filho, aquilo desencadeou velhos sentimentos de abandono. Ele percebeu que seu incômodo não era dirigido a Laura ou ao filho dela, mas, no fundo, a si mesmo. Era disso que ele estava fugindo.

A revelação de Stephen tocou Laura profundamente. Também a fez se perguntar que tipo de mãe era ela. "Eu sei que exagero", admitiu. "Greg não precisa que eu ponha comida em sua geladeira. Mas, quando eu era mais jovem, vivia tão ocupada com minha carreira que nem sempre tinha tempo para fazer as coisas que as mães fazem. Acho que estou tentando compensar agora. Eu também não tive ajuda quando mais precisei, e nunca quis que Greg sentisse a solidão que eu sentia. Encobri por bastante tempo muitos dos meus sentimentos de não ser uma boa mãe e de como me sentira abandonada por meus pais, que me amavam, mas me deixavam sozinha. Então tentei compensar de forma exagerada."

"Acho que você é uma ótima mãe", Stephen disse. "Seu filho é um bom garoto. Você não tem que provar nada."

Recostei-me na cadeira e olhei para Stephen e Laura com admiração. "Vocês são um casal fantástico", eu disse. "Falaram aqui, hoje, de algumas de suas mais profundas vulnerabilidades. Agora, vocês vêem a possibilidade de resolver esse conflito?"

Eles viam. Sentindo-se menos ameaçado, Stephen se mostrou mais aberto para se relacionar com Greg. Laura viu que havia exagerado em seu esforço de compensar os momentos do passado em que não estivera presente. Precisava compreender e se perdoar por escolhas que ela não podia desfazer agora, e tinha de ver seu filho como o adulto capaz e competente que ele era.

Novo mapa, novas regras

Há pouco tempo, aconselhei duas pessoas recém-casadas. Elas nunca haviam conversado sobre o papel que seus amigos teriam em sua vida de casados. Nos últimos oito anos, Ruth e sua melhor amiga, Eileen, tinham o hábito de se encontrar dois sábados por mês para almoçar juntas. O marido de Ruth, Sam, ficou surpreso quando ela lhe disse que esses almoços continuariam. "Achei que isso era coisa de garotas solteiras", ele disse. "Para mim, esses almoços iam acabar. Achei que você ia ficar comigo."

"De jeito nenhum", Ruth respondeu. "Não sei por que você pensou isso."

Sam ficou incomodado com o fato de sua mulher continuar almoçando com a amiga. Ao mesmo tempo, Ruth se irritava quando o amigo de Sam, Fred, aparecia sem avisar e, como ela dizia, "nunca ia embora". Sam se recusou a pedir a Fred que telefonasse antes de ir. "Eu não quero que ele pense que nós não o queremos aqui", explicou.

Bem-vindos à vida de casados não examinada. A disputa entre Ruth e Sam podia parecer frívola, o tipo de coisa com que um casal deve lidar, mas era um sinal claro de que nenhum deles tinha pensado em redesenhar o "mapa das amizades" para quando estivessem casados. Pequenos ressentimentos por causa de expectativas não exprimidas podem crescer como uma bola de neve.

A promessa de renunciar às outras pessoas não significa abandonar os melhores amigos ou sequer relegá-los a um papel de menor importância. Significa, isto sim, dar-se ao trabalho – de preferência, antes do casamento – de redesenhar seu mapa de relacionamentos. Muitos casais começam a vida conjugal pensando que tudo será basicamente igual a antes, a não ser pelo fato de agora terem um parceiro com quem partilhar as coisas. Eles vêem o casamento como uma espécie de cobertura no bolo que já foi assado.

Não estou dizendo que você precisa recomeçar do zero. Apenas esteja aberto para mudanças. Se "renunciar aos outros" significa colocar o parceiro em primeiro lugar, o que isso significará para o relacionamento com as outras pessoas?

Sophia, uma amiga minha recém-casada, pediu meu conselho sobre como sugerir uma mudança numa antiga tradição da família de seu marido sem começar uma guerra. O marido de Sophia, George, vinha de uma grande e unida família católica. Ele tinha sete irmãos e muitas tias, tios e primos. Era uma tradição de família todos se reunirem na casa dos pais após a missa, todos os domingos, para um grande jantar. Quando eles estavam namorando, ela o acompanhava de bom grado. Isso solidificava a importância de Sophia na vida dele e dava a ela uma chance de se aproximar da família de George. Mas, depois de casados, ela começou a se ressentir do fato de que no domingo era proibido fazer qualquer outra coisa que ela quisesse. Durante a semana, George e Sophia trabalhavam muito. No sábado, geralmente os dois tinham coisas para fazer em casa. Sophia sentia que eles precisavam do domingo como um dia de descanso. Ela estava pensando num modo de dizer isso a George com muito tato, pois sabia que era um assunto delicado.

Sophia era uma mulher inteligente. Ela sabia que George faria de tudo para evitar um conflito com a mãe, uma incrível matriarca acostumada a fazer as coisas do seu jeito. Sophia também sabia que não queria começar a vida de casada criando um abismo entre as duas famílias. Afinal, uma das qualidades que ela mais amava em George era sua dedicação à família. No entanto, ela se achava no direito de escolher como os dois poderiam passar seu dia de folga. Era uma pergunta antiqüíssima: Como Sophia poderia ser uma boa esposa, apoiar os desejos do marido e também ter suas próprias necessidades satisfeitas?

Diante de tal dilema, as pessoas costumam cometer o erro de exigir logo o que querem, criando o terrível impasse do "tudo ou nada". Em vez de começarem com um pedido simples, elas tentam forçar o cônjuge a fazer uma concessão enorme para provar seu amor e sua real *fidelidade*. Essa abordagem remonta às inseguranças da infância. No amor maduro, o objetivo não é rasgar o velho mapa da vida de uma pessoa, e sim redesenhar esse mesmo mapa, definindo algumas rotas alternativas. Eu sugeri a Sophia que começasse com um pequeno pedido a George, do tipo: "Estamos tão ocupados ultimamente, e eu gostaria de ficar algum tempo só com você. Seria ótimo se pudéssemos ficar em casa pelo menos um domingo neste mês, na companhia um do outro. E se eu ligasse para a sua mãe e combinasse isso, desde que não fosse um domingo especial, com um evento muito importante?"

A tentativa de Sophia funcionou, porque ela não começou uma discussão com um choramingo ("Por que nós temos que ver seus pais todo domingo?"), um insulto ("Estou cheia de sua família!") ou um desafio que o humilhasse ("Por que você não enfrenta a sua mãe?"). Em vez disso, ela expressou seus sentimentos (a necessidade de passar algum tempo a sós com o marido) com amor (porque era importante para os dois). Além disso, sabendo que seria difícil para George comunicar esse pedido à mãe, ela se ofereceu para telefonar (respeitosamente, de nora para sogra), se fosse mais fácil para ele. Ela propôs agir de um modo que não seria vergonhoso para George. As lutas de ego e a necessidade de exercer o poder sobre o parceiro sempre causam derrota.

É um fato simples: pedidos feitos no espírito do amor e do respeito têm mais probabilidade de ser aceitos. Quando você evita causar vergonha e culpa, e faz com que o parceiro saiba que está sendo valorizado, os conflitos saem da condição de alerta vermelho e se tornam mais administráveis. Quando seu parceiro não se sente seguro, a energia é desperdiçada com a autoproteção, em vez de direcionada para uma resolução.

Renunciar aos outros significa que você e o parceiro estão juntos no casamento. Vocês são parceiros, colaboradores, aliados na vida diária. Os exercícios a seguir ajudam o casal a se unir em torno de sua comunidade maior.

Exercício 1: **Pôr a mesa do casamento**

Se há um lugar vago à sua mesa do casamento, eu garanto que haverá confusão. Você precisa fazer um arranjo que sirva para os dois. Este exercício serve justamente para isso.

(Continua na próxima página)

Passo 1: Sentem-se juntos e façam uma lista de todas as pessoas que estão sentadas à mesa do casamento. São as pessoas (vivas ou mortas) que terão algum papel na vida de vocês, tais como:

Pais
Irmãos
Parentes
Ex-marido/mulher/namorado/namorada
Filhos de casamentos anteriores
Amigos e amigas
Pessoas ligadas à igreja
Chefes
Colegas
Vizinhos
Animais de estimação
Influências do passado

Passo 2: Quando as listas dos dois estiverem prontas, coloquem individualmente os nomes em volta da mesa. Em folhas separadas, desenhem uma forma retangular grande, representando a mesa. Você e seu parceiro ficam no centro. Em seguida, cada um começando com seu lado, escrevam os nomes da lista, como se estivessem colocando crachás de identificação na mesa.

Passo 3: Comparem os resultados. Como eles diferem? Conversem sobre suas razões para colocar as pessoas no lugar onde colocaram. Há pessoas sentadas à mesa que não deveriam estar lá? Sejam sinceros ao descrever o papel que as outras pessoas exercem na vida de vocês.

Passo 4: Em uma terceira folha de papel, desenhem uma nova forma retangular. Essa será a mesa que vocês vão definir juntos. Gastem o tempo que for necessário para fazer o arranjo final da mesa do casamento. Pode levar uma ou duas semanas até que os dois fiquem satisfeitos. Lembrem-se de que a disposição das pessoas nas cadeiras não precisa ser permanente. Vocês podem – e

(Continua na próxima página)

devem – redesenhá-la à medida que a vida for mudando e evoluindo (nascimentos, mortes, novos amigos, mudanças de emprego etc.).

Passo 5: Estabeleçam uma data, uma vez ao ano (que não seja aniversário de casamento, ano-novo ou outro dia importante), para os dois reavaliarem os nomes e remodelarem a mesa do casamento. Escolham um momento em que nenhum dos dois esteja emocionalmente sobrecarregado ou exausto por outros eventos.

Exercício 2: **Regras de envolvimento**

Toda pessoa leva para o casamento suas idéias de como se relacionar com os outros no dia-a-dia. Isso é natural. Até agora vocês viveram vidas separadas. A maioria dos casais que já vi, porém, nunca discute antes suas preferências. Pelo contrário, esperam que suas diferenças se encaixem, como que por magia, na nova vida de casados.

Façam separadamente o teste a seguir. Sejam honestos com as respostas. Não respondam do jeito que imaginam que o outro gostaria. Não existem respostas certas ou erradas, apenas escolhas.

1. Obrigações de trabalho sempre estão à frente do descanso com o parceiro.
   ( ) *Concordo*   ( ) *Discordo*

2. Um relacionamento platônico com ex-marido ou ex-mulher é inofensivo.
   ( ) *Concordo*   ( ) *Discordo*

3. É importante para os casais ter amigos íntimos em comum.
   ( ) *Concordo*   ( ) *Discordo*

4. Os feriados devem ser passados com toda a família.
   ( ) *Concordo*   ( ) *Discordo*

(Continua na próxima página)

5. Festas de aniversário (de nascimento e casamento) são importantes.

( ) *Concordo* ( ) *Discordo*

6. Receber amigos é divertido.

( ) *Concordo* ( ) *Discordo*

7. É importante socializar-se com os colegas de trabalho do cônjuge.

( ) *Concordo* ( ) *Discordo*

8. É importante viver perto das respectivas famílias.

( ) *Concordo* ( ) *Discordo*

9. Quando a família ou os amigos íntimos vêm de outra cidade para lhes fazer uma visita, devem ficar hospedados em sua casa.

( ) *Concordo* ( ) *Discordo*

10. Sua porta está sempre aberta para a família e os amigos íntimos, mesmo que não telefonem antes.

( ) *Concordo* ( ) *Discordo*

11. Se o telefone toca, você deve parar o que está fazendo e atender, mesmo que vocês dois estejam jantando, conversando, assistindo a um filme ou simplesmente se abraçando.

( ) *Concordo* ( ) *Discordo*

12. Se um amigo íntimo precisa de dinheiro, você abre a carteira sem fazer perguntas.

( ) *Concordo* ( ) *Discordo*

13. Um flerte casual em festas é inofensivo.

( ) *Concordo* ( ) *Discordo*

(Continua na próxima página)

14. Você deve se sentir à vontade para discutir problemas de seu casamento com um amigo íntimo ou com um membro da família em quem confia.

( ) *Concordo*   ( ) *Discordo*

15. Você gosta de receber convites para sair com amigos.

( ) *Concordo*   ( ) *Discordo*

16. Não há problema se seu parceiro convida um amigo para ir a sua casa sem lhe comunicar antes.

( ) *Concordo*   ( ) *Discordo*

17. Não há problema se seu parceiro tem amigos do sexo oposto.

( ) *Concordo*   ( ) *Discordo*

18. Você prefere sair em férias com amigos a ir com o cônjuge.

( ) *Concordo*   ( ) *Discordo*

19. Você não suporta decepcionar sua mãe.

( ) *Concordo*   ( ) *Discordo*

20. Se seus pais lhe emprestam dinheiro para comprar uma casa, eles têm o direito de opinar na hora da compra.

( ) *Concordo*   ( ) *Discordo*

21. Seu cônjuge sempre vem em primeiro lugar, aconteça o que acontecer.

( ) *Concordo*   ( ) *Discordo*

Depois que você e seu parceiro responderem, comparem as respostas. O objetivo aqui é abrir um diálogo sobre como cada um se relaciona com o mundo. Tente evitar os julgamentos – lembre-se, não há respostas certas ou erradas! Pode ser útil gravar a conversa para que vocês tenham uma referência mais tarde.

Comecem com os pontos com os quais ambos concordam e discutam o que cada um estava pensando quando respondeu. Isso fortalece o sentimento de solidariedade. Em seguida, observem as áreas em que as respostas divergem. Cada um deve explicar sua resposta (sem interrupção), e depois vocês devem discutir juntos, usando as técnicas de espelhamento, validação e empatia. Não esperem concordar em todos os pontos. O importante é reconhecer as áreas em que vocês concordam e discordam e desenvolver o hábito de conversar sobre como será a vida diária, usando essas informações. Quando os casais são "conscientes" de suas diferenças, os dois podem encarar com mais facilidade o conflito, sem magoar um ao outro, e chegar a uma solução.

Uma nova definição de fidelidade

Falemos agora da fidelidade, que é a essência do voto de "renunciar aos outros". A fidelidade sexual é essencial para proteger os sacramentos de um compromisso. Quando um parceiro é sexualmente infiel, a ferida costuma ser fatal. Isso porque a infidelidade é mais que um ato sexual. Ela quebra um vínculo primordial, traz danos à união e viola os votos de segurança, respeito e honra. Os casais podem se recuperar quando o vírus da infidelidade abala um relacionamento, mas é necessário um verdadeiro e total compromisso com o processo de lidar com um profundo remorso, arrependimento, empatia, compreensão e, claro, mudança de comportamento.

O que difere o casamento de outros relacionamentos íntimos é a exposição total. Você e o parceiro se expõem desnudos um ao outro, aceitando-se de corpo e alma. Nenhum outro relacionamento se aproxima desse nível de exposição ou vulnerabilidade. Os casos são ilusões de intimidade. Eles não proporcionam um contexto verdadeiro para o amor maduro, que envolve compromisso com o processo de ser conhecido e de conhecer o outro.

Mas, e se o parceiro é sexualmente fiel, porém emocionalmente distante? Essa também não é uma forma de traição? Um casal que conheço estava lutando com a tensão entre estar juntos e passar algum tempo sozinhos. Ela estava triste porque seu marido era muito distante à noite. Ela chegava do trabalho ansiosa para vê-lo, e ele dizia: "Preciso de um tempo sozinho".

Ele: Eu tenho o direito de relaxar sozinho depois de um dia duro de trabalho.
Ela: Você não tem o direito de me ignorar.

Os relacionamentos não sobrevivem automaticamente, eles precisam ser alimentados com atos diários de afeição. Todo mundo precisa de algum tempo sozinho, mas, se sua idéia de relaxamento é afastar-se física ou emocionalmente do casamento, você está sendo infiel a seu compromisso emocional.

Exercício 3: **Fechando as saídas**

O voto de ser fiel significa permanecer disponível a seu parceiro, estar presente e fechar as saídas que servem como válvulas de escape para o casamento. Quais são as saídas típicas? Pergunte a si mesmo:

- Você ou seu parceiro passam a noite na frente da televisão?
- Você ou seu parceiro passam muitas horas em salas de bate-papo na Internet quando estão em casa juntos?
- Você ou seu parceiro costumam satisfazer suas necessidades emocionais fora do casamento?
- Você ou seu parceiro passam muitas horas ao telefone quando estão em casa juntos?
- Sua idéia de relaxamento é tomar bebidas alcoólicas que deixam você cochilando na cadeira às oito da noite ou amortecido emocionalmente?
- Você evita falar sobre seu dia com o parceiro?
- Vocês são como dois navios passando um pelo outro, sem jamais parar para se abraçar ou se tocar?
- Você ou seu parceiro se afastam quando não se sentem à vontade com uma conversa que estavam tendo?

(Continua na próxima página)

- Dar ou receber o tratamento do silêncio faz parte de seu casamento?

Refletindo sobre essas perguntas, agora responda a estas:

1. Quais são suas saídas estratégicas? O que as ativa?
2. Quais são as saídas estratégicas de seu parceiro? O que as ativa?
3. Que providências práticas você toma para fechar essas saídas?

5
Na alegria e na tristeza

> FAÇA OU NÃO FAÇA;
> TENTATIVA NÃO EXISTE.
> – *Mestre Yoda, de* Guerra nas estrelas

Jurar compromisso na alegria e na tristeza é uma meta nobre. Nesse sentido, o que significa "alegria"? Em que consiste a "tristeza"? Será que, na realidade, queremos dizer isto?

> Enquanto for realmente uma alegria, e enquanto der certo para mim – não me culpe se virar tristeza –, prometo nunca dormir zangado (por isso vou ficar me virando, acordado a noite toda, porque odeio você), esquecer e perdoar (o que é improvável, pois minha família é formada pelas pessoas mais ressentidas do universo), jogar limpo (a não ser que você pise nos meus calos – aí, a coisa fica feia), dar-lhe o tratamento do silêncio por vários dias e dizer: "Está tudo bem, só estou quieto no meu canto", quando quiser castigar você.

Ou...

> Prometo fazer tudo que me for possível para deixar as coisas parecendo um mar de rosas, prometo evitar qualquer conversa difícil, viajar nas férias a lugares que detesto (e vociferar por dentro, mas sem jamais dizer nada) e sofrer por muito tempo sem reclamar verbalmente, mas garantindo que você percebeu que estou péssimo.

Esse voto tem a ver com esperança – a esperança de que, se você cruzar os dedos, tudo será uma alegria. A verdade é que você provavelmente não pode imaginar a tristeza, e ninguém deve tentar destruir o espírito otimista, pois ele é uma bênção para uma nova união.

Entretanto, devemos ser realistas e reconhecer que sabemos do tremendo peso que o estresse e as tensões da vida exercem sobre o casamento – pode ser uma tensão acumulada por anos de luta ou o impacto de uma tragédia súbita, incontrolável. Pesquisas mostram que, quando acontece uma grande tristeza, os casamentos cujas fundações já estão abaladas e incertas geralmente sucumbem sob a pressão.

Depois de 11 de setembro de 2001, nosso instinto inicial, como nação e como famílias, foi nos aproximarmos mais. Conheci muitos casais que expressaram um compromisso renovado um com o outro logo depois do episódio. O impacto dos ataques os tirou da inércia ou da raiva, lembrando-lhes de que eram um casal. Todos nós precisamos uns dos outros naqueles dias e vimos, com uma renovada clareza, a necessidade dos vínculos familiares e comunitários. Mas, à medida que o choque inicial ia passando, alguns casamentos não conseguiram sobreviver. Um trauma tardio, feridas psicológicas profundas e sentimentos de desespero podem abalar nosso mundo de maneira imprevista e incompreensível. E esse foi particularmente o caso daqueles que foram diretamente afetados pelas tragédias e/ou se envolveram nas operações de resgate em Nova York, no Pentágono e no campo da Pensilvânia onde um dos aviões caiu. Anos depois, observamos um acentuado aumento de casos de divórcio entre bombeiros e policiais cujas vidas foram, para sempre, alteradas pela perda de colegas, membros da família e amigos, e que passaram muitos meses imersos no esforço da recuperação. Entre os bombeiros, o índice de divórcio já é um dos mais altos dentre todas as ocupações – e catástrofes como essa fazem crescer esse número. Nos anos seguintes ao massacre de Oklahoma, o índice de divórcios dobrou na sede local dos bombeiros e triplicou na polícia. As evidências mostram que o efeito do 11 de setembro não é muito diferente.

Também temos observado o efeito nocivo da guerra sobre o casamento. O número de divórcios entre as famílias de militares aumentou em quase 40%, desde que os Estados Unidos começaram as operações no Afeganistão e no Iraque. O envio de pessoas casadas a zonas longínquas provoca um extraordinário estresse emocional, físico, espiritual e financeiro nas famílias, gerando incerteza e uma crise de sobrevivência que ninguém pode estar suficientemente preparado para enfrentar. E depois, quando os soldados voltam para casa, a alegria inicial logo é substituída pelo inesperado estresse do reajuste. Homens e mulheres em serviço militar costumam carregar traumáticas feridas físicas e emocionais, que mudam sua vida e sua família para sempre. As estatísticas mostram que um em cada três militares que retornam é vítima do transtorno do estresse pós-traumático (TEPT), que pode acompanhar uma pessoa pelo resto da vida. As cifras são ainda mais altas entre aqueles com ferimentos físicos graves, como traumatismo craniano, perda de membros ou queimaduras sérias.

Os desastres naturais, como o furacão Katrina, e tragédias pessoais, como a doença e morte de uma criança, alteram a vida das pessoas para sempre. É o que chamo de ferida da alma. Mas, enquanto alguns casamentos acabam, outros se fortalecem. Aparecem pistas em seu casamento que lhe permitem prever sua habilidade para sobreviver e até prosperar quando o pior acontece.

Vivendo na luz

Todos nós já observamos que algumas pessoas parecem ter uma capacidade especial de ser otimistas e resilientes, enquanto outras logo se desesperam quando o equilíbrio de sua vida é perturbado. As pessoas resilientes sobrevivem e até prosperam diante de uma luta. É lógico pensar que casais resilientes são mais capazes de enfrentar as grandes e pequenas tempestades da vida do que casais temerosos e inseguros.

A resiliência não consiste apenas em se recuperar de um choque. Não é aquilo que você faz quando sua casa cai. Ela está relacionada com o modo como você constrói o alicerce, em primeiro lugar. Os casais resilientes sobrevivem e até crescem em tempos difíceis porque se deram ao trabalho de criar uma essência forte. Se sua mentira é a de que a adoração, o romance ou o furor sexual manterão vocês fortes, seu alicerce logo vai virar cinzas quando surgirem os desafios adultos. Se sua mentira é a de que vocês só precisam um do outro, vão faltar reforços quando vocês mais precisarem deles.

Exercício 1: **Seu quociente de resiliência**

Seu casamento resiste ao pior e à tristeza?

1. Você sabe que há circunstâncias às quais seu casamento jamais sobreviveria.
( ) *Sim*   ( ) *Não*

2. Você acha que merece ser feliz e se ressente quando as coisas dão errado.
( ) *Sim*   ( ) *Não*

3. Quando você se depara com uma mudança, seu primeiro instinto é se preocupar com as potenciais conseqüências negativas.
( ) *Sim*   ( ) *Não*

4. Você prefere dizer não e ficar em segurança a dizer sim e arriscar uma decepção.
( ) *Sim*   ( ) *Não*

5. Você tem medo de que seu parceiro ou você mesmo deixe de amar.
( ) *Sim*   ( ) *Não*

6. Você se sente mais à vontade quando sabe que tem o controle do ambiente.
( ) *Sim*   ( ) *Não*

7. Você acredita que às vezes o melhor meio de lidar com um problema é não fazer nada.
( ) *Sim*   ( ) *Não*

(Continua na próxima página)

8. Você tende a remoer problemas de relacionamentos antigos e procurar sinais de que eles vão se repetir em seu relacionamento atual.

( ) *Sim*   ( ) *Não*

9. Você acredita que não pode corresponder totalmente à outra pessoa sem perder algo de si.

( ) *Sim*   ( ) *Não*

10. Quando você se decepciona, põe a culpa em seu parceiro ou em si mesmo.

( ) *Sim*   ( ) *Não*

Resultado: Se você respondeu "sim" quatro vezes ou mais, sua participação no relacionamento é movida pelo medo. Medo não é o mesmo que amor. O medo prende, o amor expande. É bom começar a refletir sobre onde você aprendeu a equiparar a intimidade com uma luta interminável. Há uma grande possibilidade de encontrar as sementes de sua insegurança na infância.

O poder tóxico das velhas feridas

Desde a mais tenra idade, Larry descobriu que não podia contar com os pais para cuidar dele ou protegê-lo. Sua mãe era nervosa e pouco preparada para ser mãe. Sentia-se sufocada pelo peso de cuidar de quatro crianças, e Larry, sendo o único menino, era o que mais sofria com sua impaciência e seu pavio curto. Ela queria que ele fosse bem-comportado, o que significa, para ela, controlar as emoções, a energia natural e a curiosidade do filho. Isso era impossível para um garotinho. Quando a vivacidade de Larry ultrapassava o limite permitido, que era muito estreito para uma criança exploradora e em crescimento, a mãe lhe dava um tapa ou gritava: "Saia da minha frente e fique quieto".

O pai de Larry era distante e raramente estava em casa. Trabalhava muito e, quando chegava em casa, as crianças eram instruídas a "não aborrecer" o papai. Larry adorava o pai, mas este parecia decepcionado com ele. "Ele queria que eu fosse durão", Larry me contou. "Mas eu era criança. Não sabia o que significava ser durão." Essas mensagens prematuras, bastante nocivas e confusas, exigem que as crianças arranquem pedaços de si para sobreviver aos ferimentos causados pelos pais, que só repetem as feridas de sua própria infância. É um ciclo que se repete de geração a geração, a menos que seja interrompido por uma verdade que cure.

Um incidente ocorrido quando Larry tinha 5 anos lhe deixou uma impressão duradoura. Era um domingo à tarde. Larry estava no quintal brincando com seu brinquedo favorito, um caminhãozinho de bombeiros, quando dois meninos mais velhos da vizinhança começaram a perturbá-lo. Um deles pegou o caminhãozinho e disse: "É meu, agora". Quando Larry gritou e tentou pegar o brinquedo de volta, o outro menino lhe deu um soco no estômago. Ele tentou lutar, mas foi derrubado. Larry mal podia conter seu medo e sua tristeza. Não conseguia controlar os soluços. Correu para a cozinha, onde seus pais estavam lendo o jornal e tomando café. Enquanto ele contava, em meio ao choro, o que tinha acontecido, o rosto de seu pai mostrava impaciência e desgosto. A mãe parecia horrorizada, mas não fez o menor gesto para consolá-lo. Por fim, o pai disse: "Você precisa aprender a se defender", e voltou a ler o jornal. A mãe se encolheu na cadeira, congelada pelo medo de mais uma vez se colocar entre o marido e o filho. Ela sentia que o marido estava sendo duro demais, mas sua incapacidade de enfrentá-lo para defender o filho a deixava muda.

"Eu tinha 5 anos de idade!", Larry gritou, indignado, ao contar essa história 35 anos depois. "Como poderia me defender?"

A partir daquele momento, Larry passou a crer que teria de cuidar de si próprio, pois ninguém mais faria isso por ele. Seus pais lhe davam comida e um teto sob o qual morar, mas fora isso ele estava sozinho.

Na faculdade, Larry se apaixonou por Sonja, uma mulher doce e maternal, que lhe dava a atenção e a afirmação que ele nunca recebera da mãe e a segurança e o respeito que nunca tivera do pai. A criação de Sonja fora muito diferente da de Larry. Sua mãe gostava de estar com ela e com os outros três filhos, e todos eram felizes e seguros. O pai de Sonja era um homem forte e capaz, que sempre parecia saber como agir numa crise. Era um pai amável e um bom provedor, embora não fosse o tipo de pessoa que abraçasse muito os outros. Sonja o idolatrava, e ficava radiante quando ganhava sua aprovação.

Sonja se sentiu atraída por Larry porque ele era sensível e fisicamente afetuoso. Os dois se conectavam em um nível profundo. Ela sabia que podia confiar nele e que ele não a trairia, ficando sempre a seu lado, na alegria e na tristeza.

Depois de alguns anos casados, porém, Sonja começou a ficar cada vez mais impaciente com Larry. A sensibilidade que ela antes admirava, agora via como uma fraqueza. Ela queria um homem mais parecido com seu pai – forte, estóico e resiliente. Em suas constantes brigas, ela provocava Larry, dizendo: "Pare de agir como um bebê". Larry sempre se sentia perdido nessas brigas, pois sua tendência era evitar hostilidades provocadas. Ele e Sonja estavam se distanciando. Ela começou um caso com um homem mais velho que era a imagem viva de seu pai no modo de lidar com a vida emocional. Sonja se separou de Larry e acabou se casando com esse homem.

O fracasso do casamento levou Larry de volta a sua identidade de 5 anos, em pé na cozinha, sentindo que ninguém o apoiaria ou o consolaria. Ele me disse que achava um erro ter se casado. "Só comprovou o que eu já sabia. Tenho de cuidar de mim mesmo, porque ninguém vai cuidar."

Encorajei Larry a ver que o fracasso do casamento era previsível – não porque ele se casara com a pessoa errada ou porque nenhuma parceira era de confiança, mas porque ele havia começado uma união movido por uma ferida, e ainda inconsciente dessa ferida.

"Você buscou no casamento o que havia faltado em sua infância", eu disse. "Escolheu uma parceira que finalmente lhe possibilitasse confiar em alguém para cuidar de você do modo como sua mãe e seu pai se negaram a fazer. Você baixou a guarda, e deve ter sido um tremendo alívio livrar-se daquele peso. Mas, quando Sonja não conseguiu amar você incondicionalmente, quando ela o criticou, parecia que ela havia reaberto uma velha ferida. Você se recolheu, revivendo a velha mensagem: 'Só eu posso cuidar de mim mesmo'. Seu ideal não deixava espaço para ela decepcioná-lo ou para você decepcioná-la e não personalizar isso."

O outro lado da moeda é que Sonja também tinha sua ferida. Podia-se ver isso no modo como ela atacava Larry à medida que as feridas dele iam aparecendo. Ela precisava de um homem "maior" que ela para ser o líder, aquele que resolveria os problemas. Ela estava procurando um príncipe encantado para salvá-la dos fardos da vida adulta.

Até certo ponto, todos nós temos vestígios de feridas da infância e procuramos a cura em nossos relacionamentos íntimos. Para ter sucesso no casamento, as pessoas devem saber a diferença entre o eu ferido e o eu verdadeiro. Seu eu verdadeiro é a pessoa que você é ao transcender o medo. Seu eu verdadeiro é a pessoa que você nasceu para ser antes de todas as feridas da vida relacionadas a família, sexo, etnia e preconceitos. É o eu que existia antes de a sociedade e a cultura, com todas as suas normas e regras, criarem abismos e barreiras que impedem o acesso.

Pergunte a si mesmo: O que eu faria se não tivesse medo das perdas, se não tivesse medo da rejeição? Quem eu sou e o que eu seria se a ferida não estivesse no banco do motorista, conduzindo minha vida?

Curando as cicatrizes do racismo

No mundo todo, o racismo e outras formas de discriminação causam feridas todos os dias, mas é na união conjugal, nas parcerias íntimas e dentro da estrutura familiar que ele mostra mais profundamente seu aspecto feio. Muitos casais são pegos desprevenidos pelas velhas feridas do *não pertencer*, e as muralhas erguidas para autoproteção podem comprometer a felicidade.

Não minimize a importância de sua origem, da cor de sua pele ou dos traços de seu rosto, nem o fato de sua família ser descendente de colonizadores europeus ou de prisioneiros de um navio negreiro. Não ignore o choque de saber que seus ancestrais foram trazidos para a América quando ela foi "oficialmente" descoberta. Ou o fato de que apenas uma parte de sua família sobreviveu aos horrores do Holocausto, deixando os sobreviventes determinados a manter um voto de silêncio para se proteger, jamais mencionando as atrocidades dos extermínios, a demoníaca humilhação e a sistemática extinção. Se você é negro e vive na América, não se entorpeça com canções de ninar do tipo "Não podemos todos conviver bem?". Não acredite nos contos de fada que falam da donzela resgatada por um cavaleiro branco, porque as pessoas de ascendência africana, que carregam o horror desumanizador da escravidão, devem ver a beleza de um cavaleiro negro, sobre o qual ninguém escreveu e que nunca aparece em nossos contos infantis.

Convido você a dar uma olhada de verdade em sua própria vida, em sua própria história. Veja suas dores ocultas, pois do contrário elas continuarão como convidados indesejáveis à sua mesa de casamento e serão passadas para a próxima geração e para a outra depois dela.

Ronald e Mary eram um casal afro-americano feliz e tinham três filhos. Ronald, cirurgião, vinha de uma família de médicos – três gerações do lado do pai e duas do lado da mãe. Mary era uma arquiteta que trabalhava para uma firma de prestígio e vinha de uma família da classe trabalhadora. Sua mãe era funcionária da prefeitura, e seu pai trabalhava numa indústria de aço em Pittsburgh, nos Estados Unidos. A vida deles era boa, até chegar o momento em que Mary poderia ter se tornado sócia na firma, mas acabou sendo preterida. Embora ela tenha ficado muito aborrecida, disse que tentaria de novo no ano seguinte. Mas Ronald ficou furioso. Começou a ligar para ela no trabalho, perguntar como ela ia indo, querer mostrar-lhe apoio, e passava o resto da conversa vociferando contra o racismo: "Mary, não importa o que eles lhe dizem; se você fosse branca, teria se tornado sócia não hoje, mas três anos atrás. Não agüento isso e acho que você devia pedir demissão. Comunique isso àqueles brancos racistas com duas semanas de antecedência e diga a eles que podem beijar aquela parte do corpo que o sol não ilumina". Mary ficou perplexa. Nunca vira Ronald tão zangado assim. Geralmente ele era calmo e confiava nas boas intenções das pessoas. Costumava sempre falar de sua crença de que, mesmo que a vida não fosse justa, era importante manter a cabeça fria.

Mary ligou para meu consultório, quase gritando: "Ajude-nos, nós estamos afundando! Não sei o que está acontecendo com meu marido, mas ele anda se comportando de uma forma totalmente irracional, e eu não sei como agir. Não consigo fazê-lo se acalmar". Embora Mary concordasse que era muito injusto ela não ter sido aceita como sócia, sentia que alguma coisa havia sido disparada em Ronald. Ele parecia um touro furioso, e ela sentia que não o conhecia mais. "Um alienígena invadiu o corpo de meu marido", ela disse.

Mary e Ronald vieram, e nós passamos alguns meses fazendo um trabalho intenso. Eles eram um exemplo vivo de como os problemas não resolvidos do passado – não só o passado emocional de uma pessoa, mas o passado histórico de seu povo – ainda podem ter um impacto na vida dela. Às vezes o impacto é positivo, às vezes é negativo, mas, para controlá-lo em vez de deixar que ele controle você, a raiz do problema deve ser exposta e compreendida.

Ronald vira seus pais lutarem para alcançar sucesso em suas carreiras médicas e ouvira várias histórias das gerações anteriores de médicos da família que enfrentaram muitos obstáculos. Ele nunca havia avaliado de fato o custo de suas lutas. Tinha medo de que, se fizesse isso, só ficaria zangado. Assim, engolia muitos dos próprios sentimentos, grande parte de sua dor e a maior parte de sua raiva saudável. Ele canalizou tudo para se tornar melhor que o melhor dos cirurgiões, e isso era o que sua família também havia feito. Mary, por outro lado, tinha bem mais consciência de seus sentimentos de injustiça racial, e, embora ela achasse que estava indo ao meu consultório para conseguir o marido de volta, na verdade os dois estavam lá para reconquistar partes de si mesmos que haviam abandonado para sobreviver. Cada um carregava um sofrimento oculto por ter tolerado a dor e os golpes do racismo. O fato negativo de Mary não ter conseguido a merecida promoção havia liberado para os dois algo que se escondia debaixo da superfície.

Ronald disse, numa das sessões: "Aprendi a erguer a muralha, a fazer melhor meu trabalho, a ser simpático mesmo quando as pessoas não queriam que eu me desse bem. Tentava perdoar os pacientes que ignoravam meu jaleco branco e o título de doutor bordado em meu bolso e me entregavam a bandeja com os restos do café-da-manhã para jogar fora. Eu sorria, me apresentava pela terceira ou quarta vez como cirurgião-chefe e prosseguia com a questão médica em foco. Nunca havia me perguntado, de fato, quanto me custava ser invisível. Nunca havia sentido que alguém pagava um preço por essa ignorância, incluindo a mim mesmo. Quando Mary foi novamente preterida como sócia, perdi as estribeiras. Passei a persegui-la, ligando várias vezes por dia, dizendo que ela devia pedir demissão. Ela não sabia o que tinha acontecido comigo, nem *eu* sabia".

Expliquei que, quando a gente "perde as estribeiras", geralmente acontece uma coisa maravilhosa. Parte da verdade que tentava flutuar à tona nos ajuda a nadar até a praia. Ronald erguera uma muralha anos antes, como aprendera a fazer com os membros de sua família que haviam alcançado sucesso profissional sob grande tensão e estresse. Ele era gentil e sociável, e ninguém o descreveria como uma pessoa encurralada, mas Mary admitia que, havia anos, sentia aquela muralha no relacionamento dele com ela e com os filhos. Nunca entendera o porquê, e não podia interferir, mas sabia que alguma coisa o impedia de se doar totalmente à família.

A injustiça e a dor imperdoável do racismo haviam marcado Ronald, e ele nem se apercebera disso. O racismo o tinha aprisionado e isolado de seus sentimentos mais verdadeiros. Ronald levantara uma muralha como forma de proteção, sem saber que ela deixaria de fora até aqueles de quem ele mais queria se aproximar. No decorrer de uma sessão, Ronald chorou ao se lembrar das histórias que seus pais médicos contavam sobre como haviam triunfado em escolas de medicina dominadas por brancos, com pouco apoio dos professores e dos colegas, que até tentavam sabotar seus esforços de ser bem-sucedidos. Até aquela sessão, Ronald não havia percebido que vivera a vida toda com a mesma dor do isolamento de seus pais, principalmente durante a faculdade e o período de residência. A recusa à promoção de Mary havia abalado sua muralha de proteção.

As muralhas de proteção não são ruins, em si. Elas são erguidas quando as pessoas experimentam o perigo – emocional, relacional, físico, sexual, espiritual ou financeiro. Até que a fonte do perigo seja exposta e abordada, a muralha permanece intacta, sendo inclusive fortificada com o passar dos anos. A muralha erguida por Ronald o ajudara a sobreviver às crueldades do racismo, à solidão e ao isolamento de seus anos no curso de medicina, mas tornou-se uma barreira à intimidade com Mary e seus filhos. Quando ele exigiu que ela largasse o emprego, o problema não era tanto o que seria melhor para Mary, mas sim as feridas raciais de várias gerações que agora emergiam para Ronald.

Quando Ronald e Mary perceberam que a dor do racismo era um convidado indesejável e destrutivo sentado à mesa do casamento, conseguiram ter uma grande compaixão por si próprios e pelo outro. Fizeram um plano, então, para sua cura individual, bem como para a cura necessária para o casamento.

Em uma de suas últimas sessões comigo, Mary disse: "Dra. Smith, quem poderia imaginar que o racismo sofrido pelas gerações passadas estava ameaçando o bem-estar do nosso casamento? Parece impossível. E, para ser sincera, quando você sugeriu isso pela primeira vez, eu pensei: 'Ah, não, escolhemos a terapeuta errada'. Tenho medo até de pensar onde estaríamos agora se tivéssemos tentado pôr um *band-aid* em nossa dor e em nosso casamento. Nunca teríamos evoluído. Eu tinha certeza de que Ronald estava louco, querendo que eu largasse o emprego. Agora sei que a dor do racismo se tornou insuportável para ele, e aquilo foi a gota d'água – e dessa forma consegui de volta meu marido e o casamento que eu sempre quis. Foi preciso esse pesadelo para despertarmos para a realidade.

Quero que você tome a decisão de parar o ciclo de dor em sua família, em seu casamento e, mais importante, em sua vida. Para isso, você precisa, em primeiro lugar, compreender quais são os problemas e descobrir quem é a presença indesejável em seu jantar, quem está sentado à mesa de seu casamento criando confusão e dor.

A criança abandonada

Quando a mãe de Erin morreu de infarto, ela ficou inconsolável. E, como o relacionamento entre as duas sempre fora complicado, Erin se surpreendeu com a extensão e a profundidade da própria dor. Seu marido, Al, foi firme como uma rocha. Ficou ao lado dela o tempo todo, cuidou dos preparativos para o funeral, do funeral em si e dos arranjos posteriores. Al ajudou Erin a guardar as coisas da mãe e a pôr à venda o apartamento dela. Ele assumiu algumas tarefas domésticas e começou a cuidar mais dos filhos, tentando aliviar a pressão sentida por Erin.

Mas, quando as semanas viraram meses, e Erin ainda chorava todo dia, não tinha mais interesse por sexo e vivia desanimada, a paciência de Al chegou ao limite. Ele rangia os dentes a cada vez que Erin resmungava, entristecida: "Faz trinta dias [sessenta dias, noventa dias] que mamãe morreu". Ele se ressentia de suas constantes idas ao cemitério. Por que ela não superava aquilo de uma vez? Será que não percebia que a família precisava dela? Não percebia como ele estava cansado de carregar sozinho o peso de seu emprego e da família? Quando tentou falar com ela, a situação se complicou.

Al: Você tem de reagir.
Erin: Como você pode ser tão frio? Ela era minha *mãe*.
Al: Caia na real, Erin! Vocês mal se falavam quando ela era *viva*!
Erin (*começando a chorar*): Ninguém me entende. Ninguém sabe como eu me sinto. Deixe-me em paz. Deixe-me em paz.

Quando os dois chegaram a meu consultório, Erin parecia esgotada e deprimida, e Al furioso, mas conformado. Ele começou a falar assim que os dois se sentaram. "Veja, estamos com 40 e poucos anos. Não é um choque tão grande o fato de nossos pais morrerem um dia. Meu pai morreu três anos atrás, eu fiquei triste, mas não desmoronei. Não agüento mais esse melodrama. Às vezes penso que devíamos ter enterrado Erin com a mãe. Ela simplesmente não existe mais para nós."

Erin enrubesceu, e seus olhos se encheram de lágrimas. "Eu sei que não me dava bem com minha mãe, mas Al não entende. Um dia ela estava lá; de repente, no dia seguinte, não estava mais."

Poucas pessoas estão preparadas para a dor que a morte do pai ou da mãe traz à tona. Muita gente acredita que, quanto mais próximo um filho for de seus pais, maior será a dor da separação pela morte, mas às vezes acontece o contrário. Nosso apego primordial é com nossos pais, principalmente com a mãe. Quando somos jovens, esse apego é necessário para nossa sobrevivência. Com freqüência, quando um adulto tem problemas de relacionamento com o pai ou a mãe, a raiz desses problemas está em feridas da infância e no anseio de ser reconhecido e amado plenamente. Erin sempre sentiu que havia decepcionado a mãe, uma mulher muito crítica. Enquanto a mãe estava viva, Erin tinha a esperança de que um dia seria vista com novos olhos. Em um sentido real, ela estava sofrendo pela esperança e pelas oportunidades perdidas.

Al pensou que, ao mostrar a Erin que ela podia contar com o marido, ele conseguiria preencher o vazio no coração dela e acabar com seu sofrimento. Quando ela não correspondeu ao amor de Al, "não se esforçando para reagir", ele sentiu que estava sendo rejeitado.

A morte da mãe de Erin lhes deu uma oportunidade de explorar o significado do amor maduro em seu casamento e trabalhar pelo bem dos filhos. Para Erin, isso significaria tirar a mãe daquela posição de todo-poderosa que ela tinha, mesmo do túmulo. Seria necessário que Al se interessasse pela dor de Erin, em vez de julgá-la, e explorasse as origens de sua impaciência com ela. Em muitos sentidos, ele estava imitando a desaprovação da mãe de Erin.

Você ama seu campo de batalha?

Embora, na teoria, eu compreenda e até aceite esta idéia, fico incomodada quando ouço que você precisa provocar batalhas no casamento. Ela reforça a imagem de que o casamento é um campo de batalha, e é isso que eu rejeito. O casamento não tem de ser, nem foi criado para ser, uma guerra sangrenta, que traz um sofrimento interminável.

Um conhecido meu me contou que estava se divorciando. "Não faço nada certo", ele disse. "Ela nunca está feliz. Já consultamos terapeutas e conselheiros matrimoniais, e nada mudou. Não agüento mais a constante tensão e a gritaria. Dói demais. Tudo isso é muito doloroso. Prefiro ficar sozinho. Não sou Deus. Não tenho a capacidade de perdoá-la todo dia, mas ela tem a capacidade de me ferir todo dia."

Chegar a essa conclusão foi vital para ele. Há ocasiões em que uma pessoa escolhe continuar abusiva, e a negação se torna uma forma de auto-abuso e punição. Se você não reconhece o abuso e não percebe que ele cresce por conta de sua submissão, é provável que você continue sendo vítima do passeio indesejado nessa montanha-russa. Você precisa sair disso. Às vezes, isso significa acabar com o relacionamento, mas nem sempre. Seja como for, você precisa sair da montanha-russa.

A capacidade de culpar e acusar daquela mulher era absurda. Quando ela se sentia magoada, explodia. Não sabia agir de outro modo. Seu estilo brutal nos diz algo acerca de sua infância. Em algum momento, ela experimentou a brutalidade, de modo franco ou disfarçado, e acabou criando uma espécie de couraça para sobreviver. Isso lhe dava a sensação de estar no controle. Ela nem ao menos percebia como aquele comportamento era venenoso em seus relacionamentos adultos.

Por que as pessoas usam tantas táticas negativas para tentar impor um comportamento amoroso? Parece contra-intuitivo. Quando nossos sentimentos são mais intensos, mais primitivos, eles podem nos transportar de volta para o berço. Quanto mais alto gritávamos quando éramos bebês, mas rápido era o socorro. Quando adultos, se ficamos aborrecidos ou estressados, às vezes nossos gritos de raiva são pedidos de socorro, do tipo "segure-me, console-me, tranqüilize-me". Mas esses pedidos não fazem parte do campo de batalha, por isso nossos parceiros podem reagir de forma a nos isolar.

O casamento não deve ser uma luta por poder após outra. Certa vez, ouvi uma pessoa dizer que você precisa ser um soldado para agüentar o casamento. Preste atenção nestas palavras: "soldado", "agüentar". Elas não geram confiança e segurança, mas, ao contrário, evocam defesa e autoproteção, o que torna a paixão e a intimidade impossíveis.

Por maior que seja a agonia dessas batalhas, já vi muitos casais que criaram uma zona de conforto em torno de suas brigas. É quase como se dissessem: "Brigo, logo existo".

Um casal a quem eu dava aconselhamento vinha fazendo terapia conjugal desde que se casara. Eu era a quarta terapeuta, e logo vi como os dois se sentiam confortáveis em sua posição: ela jogava tudo sobre ele, e ele se sentava ali, conformado, agüentando tudo com o rosto impassível. Quanto mais ela reclamava, mais ausente ele se mostrava. E o interessante é que ela não parecia perceber isso. Ela não queria iniciar um diálogo, nem ele. Nenhum dos dois estava interessado em tentar satisfazer as necessidades do outro. Fiquei imaginando se eles viam a terapia como uma espécie de jogo e a mim como o mais recente peão numa partida de xadrez. Afinal de contas, sempre poderiam dizer um ao outro e a qualquer outra pessoa que estavam fazendo terapia. Nem parecia que estavam tentando se relacionar. Eu não participo desse tipo de disputa, se o objetivo não passa daí. Ir a sessões de terapia não é o mesmo que estar *em* terapia. Costumo dizer às pessoas que há uma diferença entre visitar o consultório de um terapeuta e se envolver no verdadeiro processo de transformação.

Em uma de nossas sessões iniciais, interrompi a ladainha de reclamações dela e disse: "Você parece tão infeliz. Por que vocês continuam juntos?" Ela ficou indignada e disse, orgulhosa: "Eu quero honrar meus votos". Eu via que ela não tinha o menor desejo de interromper a terapia. Sentia-se energizada pelo combustível de sua raiva e pelo sentimento de poder e superioridade que conseguia nas sessões. Ela podia se gabar de que estava tentando fazer algo para salvar o casamento, embora seu "trabalho" fosse uma ilusão. Estava claro para mim que ela se achava melhor que o marido, porque estava mais comprometida com a terapia. Mas era apenas uma forma de encenação – ela empurrava o marido para baixo para se sentir por cima. Ele entrava no jogo, e nenhum dos dois tinha a menor idéia do que estava em jogo.

"Vocês não precisam de terapia para isso", eu disse, enfim. "Isso que vocês fazem, podem fazer em casa e de graça." E assim eu fui a quarta terapeuta a pôr um fim nas sessões de aconselhamento conjugal daqueles dois.

Quando marido e mulher se ferem constantemente, o casamento se torna uma fratura agravada: quebrado, emendado de forma errada, quebrado de novo. Ele fica frágil demais para se curar. É por isso que, mesmo quando o casal procura a terapia *querendo* se curar, os dois precisam entender que certas áreas exigem um toque delicado, pois podem se quebrar de novo.

O toque curativo pode exigir algumas promessas especiais, tais como:

- ✓ Não vou mencionar um conflito antigo sem avisar.
- ✓ Vou me ater ao ponto de nossa discussão e não vou reforçar meu argumento, lembrando-me de velhas feridas.
- ✓ Não vou esperar que você leia minha mente.
- ✓ Não vou atacar quando, na verdade, quero um abraço.
- ✓ Evitarei palavras como "nunca" e "sempre".
- ✓ Não vou discutir assuntos importantes no começo ou no fim do dia, a menos que tenhamos planejado fazer isso.
- ✓ Quando houver alguma coisa importante para discutir, estarei disponível.

- ✓ Vou falar diretamente e usar frases curtas, para nenhum de nós se sentir sufocado.
- ✓ Se precisarmos parar a conversa por causa de um impasse, usarei de sabedoria e autocontrole para proteger nosso relacionamento.
- ✓ Falarei a verdade respeitosamente, com o desejo de preservar a sua dignidade e a minha.
- ✓ Não usarei termos pejorativos nem rótulos banais.
- ✓ Farei o exercício de espelhamento/validação/empatia com você em um ambiente tranqüilo, num momento em que nós dois possamos ouvir e participar. Se você regredir, farei o possível para permanecer em meu eu adulto e pedirei o mesmo de você.

E assim por diante. O único modo de ganhar a guerra e deixar para trás o campo de batalha é escolher um processo de cura que não piore a fratura. E é importante, principalmente durante os conflitos, que pelo menos uma pessoa permaneça em seu eu adulto. Duas crianças encenando criam uma bagunça daquelas.

Seu plano de emergência

Todos nós esperamos o melhor, mas esperança sem determinação e esforço costuma gerar sentimentos de frustração, decepção e desespero. Você pode escrever o voto "prometo fazer você sorrir todos os dias", mas e quanto àqueles dias que não têm nada para fazer a gente sorrir?

A vida vai colocar em seu caminho coisas que você não prevê – incêndio, inundação, doença, perda de emprego. Você tem um plano para a crise? Tem um gerador de emergência pronto para fornecer energia quando as luzes se apagarem em seu casamento? Você tem um *kit* de reparos de relacionamento para ajudar na recuperação após um trauma?

Existem diferentes níveis de reparos: há os falsos, que acabam aumentando o estrago; há os tapa-buraco, que podem segurar as pontas por algum tempo, mas acabam se desgastando; e há os efetivos, que duram.

Falsos reparos

Os falsos reparos são ilusões de reparo que, na verdade, pioram o casamento. É como tapar um vazamento desviando o líquido para outro lugar. Um homem me disse uma vez que achava que seu romance com uma colega de trabalho na verdade havia melhorado seu casamento abalado. "O relacionamento com minha mulher melhorou enquanto eu tive um caso", ele disse. "Eu me sentia mais relaxado, mais feliz e não a pressionava tanto."

Sua definição de "melhor" nada mais era que uma saída. Não era um reparo, pois nada estava sendo consertado. Ele não via como a traição corrói a alma de um casamento.

Recentemente, eu estava numa livraria e vi um livro intitulado *How to Save Your Marriage Alone*. Um título surpreendente, em minha opinião. O que se estava salvando, afinal? O casamento não é uma jornada de solidão. Seu propósito é criar um ambiente em que as duas pessoas possam ser elas mesmas dentro dos vínculos sagrados do compromisso.

Reparos tapa-buraco

Quando há uma ruptura no casamento – uma briga, um ataque, uma promessa quebrada, uma decepção –, as pessoas querem superá-la logo e seguir adiante. Fazem um conserto improvisado, esperando que dure até terem tempo para um reparo permanente. Mas, assim como nos consertos que fazemos em nossa casa, surgem outras prioridades que atrapalham o trabalho permanente.

Toda vez que Sharon e Bruce tinham um briga feia, a situação terminava com um ou outro saindo enfurecido da sala. Eles remoíam os sentimentos feridos, mas nunca resolviam a questão. No dia seguinte à explosão, Sharon podia contar com Bruce chegando em casa com um buquê de flores. Nas primeiras vezes em que isso aconteceu, Sharon ficou tocada pelo gesto de Bruce. Sentiu-se reconhecida. Mas, com o passar do tempo, ela começou a ver que as flores eram o jeito de Bruce evitar um conflito maior. O problema que havia provocado a briga nunca era mencionado nem resolvido. O ressentimento dela aumentava, então um dia, quando Bruce chegou com flores, ela as jogou de volta para ele.

Pôr panos quentes pode ser um reparo tapa-buraco, se você não souber a diferença entre investir no relacionamento e apenas tentar manter a paz. O que muitas pessoas descrevem como reconciliação é apenas desistência – é acenar com uma bandeira branca. Pôr panos quentes é um meio de deixar a pessoa menos zangada com você, aceitando o que ela quer. É como dizer: "Concordei para evitar uma briga. Eu não estava a fim de ouvir a voz dela". Ou: "Transei com ele, embora ele não venha sendo legal comigo, porque estou cansada de ouvi-lo ameaçar que vai ter um caso". Há muitos perigos nessa forma de conserto. Ela é exaustiva e geralmente movida pelo medo. E, no fim das contas, é uma mentira. Se você mente por medo de perder o relacionamento, então tem um grande problema. Alguma coisa está quebrada, não só no relacionamento, mas dentro de *você*.

Os reparos tapa-buraco, como o sexo para fazer as pazes ou a promessa de nunca ir dormir com raiva, podem valer para uma noite, mas não resolvem o problema – com o tempo, podem até piorá-lo. Pense nisso. Quando você tem uma goteira no telhado e a conserta logo, gasta menos dinheiro e causa menos danos ao interior da casa. Se esperar e encher baldes e mais baldes enquanto adia o conserto, o estrago ficará muito pior. Quando você evita o trabalho necessário, o dano é sempre maior.

Exercício 2: **Seu *kit* de reparos total**

Quando um cano se fura, um parafuso fica frouxo ou uma cadeira fica bamba, você pega as ferramentas e conserta. Se você não tem uma caixa de ferramentas, ou se falta algum instrumento crucial, não é possível fazer o conserto. Às vezes uma caixa completa não é suficiente, então é importante saber quando você precisa chamar um especialista para consertar alguma coisa quebrada. Sentem-se juntos e façam uma lista do que precisa haver na caixa de ferramentas para que vocês sobrevivam aos momentos difíceis. Seu *kit* deve incluir qualidades como compaixão, humor e disposição para ouvir e usar as técnicas de espelhamento, validação e empatia. É preciso também satisfazer certas necessidades, como uma noite bem dormida, uma refeição saudável, exercícios, meditação, música – qualquer coisa que ajude a amansar a tempestade até que vocês possam abordá-la de uma maneira mais cuidadosa e estratégica. Quando falo em estratégia, quero dizer que uma vida bem-sucedida não acontece por um passe de mágica. Acontece com planejamento, estratégia e as ferramentas necessárias para executar sua missão e seu desejo.

Toda pessoa deveria ter um *kit* de reparos sempre à mão. Os canos se furam para as pessoas não casadas, também! Deixe seu *kit* bem abastecido, para que você não precise contar demais com os outros nem gritar desesperadamente por socorro. É comum o desespero entrar em nossa vida pela porta dos fundos de uma fantasia de resgate. Seja você casado ou solteiro, livre-se da fantasia de resgate. Ela lhe furta a chance de criar uma vida real de amor, conexão, amizade e alegria.

Rituais para a alegria e a tristeza

Observo com freqüência uma diferença marcante entre os casamentos que dão certo e os que fracassam (lembre-se, o casamento pode fracassar mesmo que não termine em separação e divórcio, caso não haja alegria, genuína paixão e respeito mútuo): a presença ou ausência de rituais. Não estou falando de cerimoniais religiosos nem de comemorações de feriados, embora possam ter grande importância. Falo de rituais intencionais que os casais inventam para permanecer ligados. Alguns dos rituais mais eficazes são os mais simples. Por exemplo, um casal reserva quinze minutos toda noite para perguntar: "Como foi seu dia?" Não é um momento para conversar sobre os filhos, as finanças ou as tarefas que precisam ser feitas, mas para o casal falar de si. Eles dizem um ao outro: "Conte-me alguma coisa boa do seu dia" e "Fale-me de alguma coisa que você queria que fosse melhor ou diferente. Onde você brilhou? Onde falhou?" É um modo de se lembrarem de que a outra pessoa é importante. As crianças sabem que não devem perturbá-los durante esse breve intervalo.

Outro casal comemora o fim de cada semana com uma leitura de poesia às sextas-feiras. Eles se revezam na escolha de um poema que sirva de meditação para a semana. Um casal que eu conheço escreve, toda semana, uma carta de amor um para o outro. E há ainda outro casal de amigos meus que faz a conexão de amor com uma caminhada. Outro se reveza na escolha de um filme. Mesmo que um dos parceiros não goste muito do filme, os dois participam desse ritual especial de conexão.

Os rituais são um meio de afirmar conexões, curar feridas e criar alegria. Às vezes os rituais mais significativos envolvem não o que os dois fazem diretamente um para o outro, mas o que eles fazem juntos para outras pessoas. Zoe e James se conheceram num pronto-socorro. James havia torcido o tornozelo, jogando futebol num parque, e caíra no barro; Zoe caíra de bicicleta enquanto descia por uma colina coberta de folhas. Era uma tarde de domingo, o pronto-socorro estava cheio e levou horas até os dois serem atendidos. Não se falaram até a hora de ir embora e suas muletas colidirem na porta giratória. Eles se entreolharam e caíram na risada. Foram mancando juntos até o estacionamento, e James brincou com Zoe: "Você gostaria de tomar um café com um projeto de atleta?" Foi o início de uma bela amizade, que culminou em casamento, catorze meses depois. Após a cerimônia, a caminho do local da recepção, Zoe, James e todos os convidados foram ao pronto-socorro onde os dois haviam se conhecido. James carregou Zoe ao atravessar a porta da entrada, todo mundo doou um pouco de sangue, foram servidos bolo e champanhe e todos se divertiram. Veja que maneira deliciosa de começar a vida a dois. Todo ano, no aniversário de casamento, Zoe e James fazem doação de sangue na sede local da Cruz Vermelha.

6
Na riqueza e na pobreza

> AQUELE QUE NÃO CULTIVA SEU CAMPO
> MORRE DE FOME.
> – *Provérbio da Guiné*

Há algo mais simples do que afirmar que seu amor por outra pessoa é mais profundo que seu amor por sua conta bancária? Parece o voto mais claro e objetivo possível, e o menos passível de erros de interpretação. Entretanto, como todo terapeuta matrimonial sabe, o dinheiro causa mais brigas do que qualquer outra questão, inclusive o sexo.

Será que o voto de compromisso na riqueza ou na pobreza significa, na verdade, isto?

> Enquanto eu tiver o que quero e parecer bem na frente dos vizinhos, de minha família e de meus amigos, tudo estará legal. Espero que você seja um bom provedor. Nossos filhos precisam ir à melhor escola e ter o melhor de tudo, mesmo que você precise de dois empregos para proporcionar tudo isso. E você não vai querer que eu more num lugarzinho apertado. Entenda também que, quando estou chateada, preciso fazer compras. Além do mais, eu mereço isso e sou digna disso.

Ou...

O que é meu é seu, exceto o dinheiro que estou guardando caso as coisas dêem errado e as contas que estão apenas em meu nome, porque a gente nunca sabe como será o futuro. Além disso, você não precisa saber exatamente quanto dinheiro eu ganho. Por favor, assine esse acordo nupcial na linha pontilhada – aqui, aqui e aqui.

Ou...

Se eu quiser dar um tempo no trabalho ou se tiver dificuldade para ficar no emprego, não se esqueça de que prometeu me amar mesmo que fôssemos pobres. Além disso, você tem algumas economias guardadas, não tem, querida? Sua família não tem algum dinheiro? Parece que eles estão muito bem.

A maior mentira que os casais dizem a si próprios a respeito do dinheiro é que ele não é importante. Nada estraga mais o clima romântico do que olhar as planilhas. Não é a questão mais agradável do mundo, e muita gente teme que, se falar de dinheiro durante o namoro, parecerá que se importa mais com as finanças do que com o amor. Além disso, as pessoas sentem que, se forem agradáveis em outras questões, com certeza sentirão a mesma coisa em relação às questões financeiras – mais ou menos. Os detalhes podem ser trabalhados depois da lua-de-mel. (Não importa que, para alguns casais, o casamento seja a maior transação financeira que eles já fizeram.)

Sua atitude é assim? Se for, então você vai ter uma grande surpresa. Há uma grande chance de que seu parceiro tenha idéias bem diferentes quanto à importância do dinheiro na vida de vocês. E como poderia não ter? Vocês foram criados em famílias totalmente diferentes e devem ter passado por situações financeiras bem diversas. Não importa se você gosta ou não, essas atitudes em relação ao dinheiro têm uma impressão forte. Pense nisso.

O que o dinheiro significava para sua família quando você era criança? Vocês sempre tinham dinheiro suficiente? Viviam com conforto, ou as finanças eram uma constante dificuldade? Vocês se viam como membros dos que "têm" ou dos que "não têm"? Seus pais eram esbanjadores ou poupadores? Havia um orçamento familiar ou não havia orçamento algum? Os membros da família falavam de dinheiro ou nunca o mencionavam? Mentia-se sobre o dinheiro? Todos fugiam desse assunto? O dinheiro era uma fonte de vergonha, de inveja ou de sentimentos de posse? O dinheiro era sinônimo de *status*? Era usado como uma forma de controle e manipulação? Vocês pediam dinheiro emprestado, emprestavam ou doavam? Usavam o dinheiro tanto para diversão como para satisfazer as necessidades? O dinheiro era trocado por amor ou sexo em sua família? Os membros da família fingiam precisar de ajuda financeira para parecer dependentes, quando, na verdade, não eram?

A lista é infinita nessa questão, estendendo-se até onde a memória alcança. Veja que tema potencialmente explosivo é o dinheiro. É extremamente importante vocês abordarem seus legados financeiros individuais antes do casamento. Ou, se vocês já se casaram e percebem que essa é uma área delicada para os dois, não escondam mais a cabeça na areia – ou poderão afundar.

Exercício 1: **Sua atitude financeira herdada**

Toda pessoa entra na idade adulta com uma herança financeira composta das experiências e atitudes da família. Por algum tempo, agora, considerem separadamente sua herança individual. Quando terminarem, comparem as respostas e discutam suas semelhanças e diferenças inatas.

1. Quanto à situação financeira de sua família, quando você era criança, você a classificaria como classe baixa, classe média baixa, classe média alta ou classe alta? Descreva as circunstâncias.
2. Em sua casa, era considerado deselegante, rude ou perfeitamente normal falar de dinheiro?
3. Em sua família, uma pessoa generosa seria descrita como _____.
   Uma pessoa muquirana seria descrita como _____.

(Continua na próxima página)

4. A maneira de sua família lidar com o dinheiro envolvia:
_____
_____

5. Com relação ao dinheiro, o que você faria de maneira diferente de sua família?
_____
_____

Dinheiro e igualdade

Mesmo no mais amoroso casamento, os casais brigam por causa de suas crenças profundamente enraizadas em relação a dinheiro e poder. Em muitos casamentos, há uma luta oculta que se baseia em quem "tem" e quem "não tem". E isso se manifesta de várias formas. Por exemplo, se uma pessoa ganha um salário e a outra cuida da família, pode parecer que a primeira tem maior autoridade em questões como o modo de usar o dinheiro, o lugar em que a família deve morar, se os filhos vão estudar em escola pública ou particular, se é aceitável ajudar um membro da família, ou se o casal deve ou não comprar um carro novo. Ou, se um dos parceiros entra no casamento com mais capital, pode achar que tem mais poder que o outro.

Mark e Eve, um casal que atendi em meu consultório, eram o exemplo típico dessa luta por igualdade. Eles se conheceram quando tinham 40 e poucos anos, após estarem divorciados havia vários anos. Eve vinha de uma família rica e possuía uma magnífica casa no centro histórico da Filadélfia. Sua residência, construída no século XVIII, fora reformada com capricho.

Mark ganhava a vida como professor universitário, mas tinha dívidas contraídas ainda no primeiro casamento. Quando conheceu Eve, morava num apartamento alugado no andar térreo de um prédio velho. No acordo para o divórcio, sua ex-mulher ficara com a casa do casal, no subúrbio.

Durante os dois anos de namoro, Mark e Eve passavam a maior parte do tempo na linda casa de Eve, o que não incomodava nenhum dos dois. Mark não tinha o menor desejo de convidar Eve para ver seu desajeitado apartamento de solteiro. No entanto, ele sabia que a propriedade no centro da cidade pertencia a Eve, e que ele era apenas um hóspede lá. Eve nunca lhe oferecera uma chave da casa, e ele nunca pedira, embora às vezes tivesse de esperar na rua até Eve chegar, quando ela se atrasava. Ou, pela manhã, se Eve tivesse de sair cedo, era implícita a necessidade de Mark se levantar e ir embora, mesmo que ele não precisasse, pois a casa era *dela*.

Depois de se casarem, Mark foi morar na casa de Eve, mas, mesmo com chaves próprias, não se sentia *em casa*. Eve continuava a se referir ao local como "minha casa" e "meus móveis". Quando Mark sutilmente sugeriu que os dois eram "nós" agora, ela pediu desculpas. "É que digo 'eu' e 'minha' há tanto tempo que se tornou automático", ela explicou. Reações assim, porém, costumam revelar verdades mais profundas. Quando atendi Mark e Eve, eles estavam casados havia dois anos e envolvidos em uma luta deflagrada por poder. Para Mark, o problema era simples: ele sentia que Eve não o via como alguém igual a ela.

"Quando pergunto a Eve se ela se acha melhor do que eu porque tem mais dinheiro, ela fica magoada e se ofende", Mark disse. "Mas, se brigamos e ela fica brava, ela aponta para a porta e grita: 'Saia de minha casa!' Sinto que ainda sou considerado apenas um visitante temporário."

Eve admitiu que, ao ficar zangada, às vezes apelava para a questão do dinheiro. Mas acrescentou: "Mark sabe que eu não me acho melhor que ele. Não fiz faculdade, e fico nervosa quando tenho de passar uma noite com seus amigos da universidade. As conversas, as discussões políticas, todo aquele papo intelectual sobre arte e música e a condição do mundo... Não consigo acompanhar. Sinto-me mal de achar que os colegas e amigos de Mark pensam que ele se casou com uma ricaça desmiolada".

"Eve, não seja boba. Você tem uma ótima cabeça. Eu te amo. Você não é desmiolada. Não sei por que se sente assim", Mark disse, surpreso.

Naquele instante, o chão tremeu. "A realização intelectual é uma forma de dinheiro", comentei. "Se entenderem isso, os dois poderão alcançar a igualdade que estão procurando."

Observando aquele casal, eu tinha a impressão de uma gangorra que oscilava, sem nunca se equilibrar. Cada um se apegava àquilo que sentia ser seu ponto forte: Eve à sua riqueza, e Mark à sua perspicácia intelectual. Mas não conseguiam se encontrar no meio do caminho, onde experimentariam a igualdade. Como estavam cientes disso e motivados, Mark e Eve tinham uma boa chance de encontrar o ponto de igualdade, começando pela decisão de comprar uma casa em algum condomínio, que seria a casa "deles" de verdade.

Você não pode tirar a dignidade de seu parceiro e esperar uma ligação de amor real e duradoura. Tampouco pode oferecer sua própria dignidade como sacrifício e depois não entender por que sua paixão fugiu pela porta da frente. Preservar sua dignidade e a de seu parceiro é um requisito fundamental para um relacionamento satisfatório e comprometido.

Minha paciente Yolanda tinha uma história muito mais triste e típica para contar. Uma mulher bonita, lindamente vestida, em seus 40 e poucos anos, Yolanda estava casada havia quinze anos com um empresário rico e importante. Horace era vinte anos mais velho que Yolanda, e ela era sua terceira esposa. Os dois tiveram dois filhos, e Horace tinha seis dos casamentos anteriores.

Yolanda me contou que conhecera Horace quando trabalhava como secretária na empresa dele. Ele acabara de se divorciar da segunda esposa e corria atrás de Yolanda com insistência, levando-a a jantares românticos e dando-lhe presentes caros. A intensidade de sua paixão era lisonjeadora. Os dois logo se envolveram.

"Então eu engravidei", Yolanda disse. "Eu tomava cuidado, não sei como aconteceu. E Horace me pediu em casamento. Todas as minhas amigas diziam: 'Puxa, como você é sortuda!' E eu achava que era mesmo. Mas tudo tem um preço na vida. Em termos materiais, meus filhos e eu temos tudo que poderíamos desejar, e eles vivem felizes – essa foi a barganha. Para mim, no entanto, nosso relacionamento sempre foi uma mentira. Eu amo meu marido, mas não do jeito intenso, apaixonado, que gostaria de amá-lo e de ser amada por ele. Horace me faz sentir como um objeto, algo que ele exibe para os outros, como um carro de luxo. Sei que, em todos os dias da vida dele, Horace se levanta pensando em como eu tenho sorte por estar casada com ele. Quero ser amada por ser quem eu sou, não só por minha beleza."

Yolanda se convencera de que fazia um sacrifício nobre vivendo um casamento sem amor, apenas para que seus filhos fossem felizes. "Eles ganham todos os benefícios desse incrível estilo de vida", ela disse. "Mas não sabem da minha dor. Não sabem como eu me sinto."

O único modo de Yolanda se sentir bem por viver uma mentira era pensar naquilo como um sacrifício que fazia pelos filhos. Mas ela não compreendia que a grande mentira não era o fato de não amar o marido, e sim o de acreditar que era uma mártir por conta da felicidade dos filhos. As crianças possuem um radar emocional muito apurado. Com 12 anos de idade, a filha de Yolanda já havia internalizado as lições que aprendera observando a mãe. Ela acreditava que, para você obter o que quer na vida, precisa vender o corpo e a alma a quem pagar mais. Por mais rica e bela que Yolanda parecesse aos olhos dos outros, ela era profundamente pobre e passava essa pobreza aos filhos. Mas não sabia disso.

Achei revelador quando Yolanda falou do filho e da filha e os descreveu como "meus" filhos. Embora Horace fosse o pai natural dos dois, Yolanda os imaginava no mesmo papel suplicante que ela. Isso também deixaria uma marca neles.

Ela insistia que não estava mentindo para si mesma na barganha que fizera. Tinha até certo orgulho disso. Mas a dor mais profunda insistia em vazar por meio de suas palavras.

"Diga-me", comecei, "você gostaria que sua filha fizesse o mesmo tipo de permuta?"

Ela pareceu horrorizada. "Por Deus, não!", disse enfaticamente. "Eu rezo para que ela tenha o amor e a felicidade que me faltaram."

"Então saiba que você é o modelo primário para ela do que é estar casada", eu disse a Yolanda. "Ela não pode imitar algo que não existe."

Minhas palavras tocaram um nervo profundo. Yolanda nunca havia pensado naquilo, e aquele era um perturbador momento de verdade. "Mas o que eu posso fazer?", ela perguntou, perplexa e desesperada. Sugeri que começasse com a sinceridade – primeiro para consigo mesma, em relação a seus verdadeiros sentimentos e à dor de viver com um homem que a tratava como uma peça de carne de primeira. Só depois de reconhecer seus sentimentos é que ela deveria começar um diálogo com o marido. Podia ser tarde, mas não tarde *demais*. Várias semanas depois, ela me ligou para dizer que Horace concordara em começar uma terapia de casal. Aquilo a surpreendeu. Ela se perguntava se Horace não seria mais atencioso do que o julgara até então. Admirei a coragem de Yolanda. Ela não sabia ainda, mas, qualquer que fosse o resultado, descobriria que viver na verdade abriria uma porta antes trancada para a satisfação e até para a alegria. E seria um presente inestimável para seus filhos.

Abrindo seu caminho

A maioria dos casais jovens entra no casamento com a expectativa de que sua situação financeira melhore no decorrer dos anos. Eles vêem a si próprios passando por uma escada com uma única direção: para cima. Mas a vida não é linear, a segurança financeira nada tem de segura, e os sonhos e desejos individuais têm o hábito de subir à superfície da consciência quando menos se espera.

Bill e Anne se conheceram com 20 e poucos anos e se deram bem logo de cara. Haviam crescido na mesma vizinhança, vindos de famílias da classe operária, e pareciam ter os mesmos valores e metas: trabalhar muito, construir uma vida boa para os filhos e colocar a vida familiar acima da ambição. Os dois riam ao se lembrar do mantra que ouviam quando crianças: "Podemos não ter muito dinheiro, mas somos ricos de amor".

Quando tinham 23 anos, Bill e Anne se casaram em uma cerimônia modesta e alegre. Eles apertaram o cinto, economizaram bastante e compraram uma casa pequena no antigo bairro onde moravam, perto de suas famílias. Bill tinha um bom emprego como assistente de gerência, em uma loja de ferragens próxima, e Anne limpava casas com sua mãe, que tinha uma firma já bem estabelecida de prestação de serviços domésticos. Depois de uns dois anos, Anne teve uma menina, Ashley. Com os empregos dos dois, eles conseguiam dinheiro suficiente para pagar as contas, e ainda sobrava para o divertimento. Bill gostava de surfe e pesca, e Anne adorava ir, com sua mãe e sua irmã, às vendas populares em quintais de casas. Os dois viviam felizes, Ashley era uma criança saudável, e tudo ia bem. Isto é, até o antigo patrão de Bill resolver fechar a loja. De repente, Bill estava desempregado pela primeira vez, desde que se formara no ensino médio.

Anne queria que Bill arrumasse um emprego em uma das grandes lojas de ferragens no *shopping* local. O pagamento por hora era bom, os benefícios eram excelentes, e ela tinha certeza de que Bill logo seria promovido a um nível gerencial. O objetivo dela era restabelecer a segurança financeira o mais rápido possível. Mas Bill se animava com a possibilidade de que poderia ganhar mais. Seu amigo Nestor lhe dera a idéia de abrir um negócio na Internet, no *site* de leilão eBay, vendendo pequenas ferramentas para casa. Nestor sabia que havia gente que se dava muito bem nisso, vendendo celulares usados. O segredo, ele disse, era a habilidade de alcançar um mercado global.

"Pense grande", disse Nestor.

"Nós temos de pensar grande", Bill repetiu a Anne.

Mas Anne apenas disse: "Não. Arrume um emprego".

As brigas começaram.

Bill: Vou entrar nesse negócio, goste você da idéia ou não. Vai ter de confiar em mim.

Anne: Você é louco.

Bill: Ter um negócio próprio é o meu sonho.
Anne: Desde quando? O que aconteceu com o *nosso* sonho?
Bill: Que sonho é esse? O sonho de você trabalhar feito escrava até se aposentar, velha e amargurada, e depois morrer?
Anne: É isso que você pensa de meu pai?

Em meu consultório, Anne disse que se sentia traída pela mudança de direção de Bill. Era uma virada de 180 graus que a deixava de fora. "Ele não é o homem com quem me casei", concluiu.

Como Bill e Anne eram de origens semelhantes, presumiam que tinham a mesma visão do sentido do trabalho na vida. Nunca haviam conversado sobre seus sonhos e expectativas antes de se casarem.

Ao reclamar que Bill não era o homem com quem se casara, Anne queria dizer que ele não era a imagem do pai dela, o bom provedor. Essa fora a qualidade que ela mais havia admirado no marido. Mas Bill não era seu pai.

Bill tampouco queria repetir o papel do próprio pai. A imagem de infância mais forte que ele tinha era a de um homem cansado, quieto e infeliz em sua posição de único provedor da família, que todos os dias chegava em casa exausto do trabalho.

As impressões em Bill e Anne eram visivelmente semelhantes, mas diferentes na essência.

A impressão da família de Anne

Os homens da família sempre tiveram um emprego regular, com salário fixo. Eles não se arriscavam. Não tomavam nada emprestado das próprias economias. Eram firmes e permaneciam no emprego. Eram bons provedores.

A impressão da família de Bill

O pai de Bill sempre tivera um emprego regular, também, e era um bom provedor. Mas não era um homem feliz. Não gostava de seu trabalho. Sacrificava sua felicidade pessoal pela segurança da família.

Bill e Anne estavam presos a imagens da infância cujos modelos haviam aprendido a imitar. Mas essas velhas histórias de família não lhes permitiam criar um modelo novo para si. Anne acreditava que o único modo de estar em segurança era ter um emprego fixo, com um cheque no final do mês. Era óbvio, porém, que tal crença caía por terra diante da realidade do desemprego de Bill. Sugeri a Anne que talvez ela precisasse sentir que o sonho de Bill tinha limites – ele não ia pular de um avião sem pára-quedas. Sugeri também que formulasse um pedido a Bill, relacionado à nova empreitada, e que abordasse as preocupações dela. Ela apresentou o seguinte:

Anne: Bill, eu peço que nos sentemos com Nestor para elaborar os detalhes de um plano de negócios e que depois consultemos um contador. Peço também que estipulemos um orçamento e um prazo para começar o negócio.

Virei-me para Bill e perguntei: "Você pode atender a esse pedido?" Ele estava sorrindo. "Sim!", respondeu. "Minha mulher tem uma cabeça boa, não tem?"

O negócio *on-line* de Bill cresceu rapidamente, como acontece com muitas empresas físicas. O ambiente sempre mutável da Internet obrigava Bill e Nestor a ficarem atentos, e por fim os dois contrataram um consultor financeiro e um diretor de *marketing*. Bill e Anne aprenderam que, embora seja importante saber de onde vem o molde, é igualmente importante saber que ele não é de aço nem de pedra. Com freqüência, os casais entram no casamento investidos de modelos falsos. É difícil fazer um casamento funcionar quando a sombra dos superpoderes chamados "homem provedor" e "zelosa dona de casa" pairam sobre você.

Guardar segredos

Em uma pesquisa recente, 26% das mulheres e 24% dos homens concordaram que o dinheiro era a primeira coisa que esconderiam do outro e sobre a qual mentiriam. Mentir a respeito do dinheiro torna-se um hábito em alguns casamentos. É um jeito de garantir certo poder que parecia faltar no relacionamento, e também uma maneira de evitar conflito. Uma amiga minha, cujo marido acha que ela gasta demais com as crianças, mentiu a ele sobre quem pagara por um palhaço contratado para a festa de aniversário de 5 anos do filho. "Nós tínhamos condições de pagar", ela disse. "Mas eu sabia que acabaríamos brigando. Por isso, disse a ele que meus pais haviam pagado pelo palhaço." Ela admitiu que praticava esse tipo de "mentirinha" duas ou três vezes por semana, e não achava isso um problema. "O que há de mal?", ela perguntou. "Estou tentando preservar a paz. Grande coisa."

Por muitos anos, um homem que conheço não contou à esposa que recebia um bônus anual no trabalho. Ele achava que, como ela não sabia do bônus, não sentiria falta dele, e tecnicamente ele não estava tirando nada da família. E também perguntou: "O que há de mal nisso?"

O mal é a mentira. A essas duas pessoas perguntei: "O que você teme que aconteça se não mentir?" O dinheiro era apenas a manifestação de uma sensação mais profunda de insegurança, uma crença de que é perigoso dizer a verdade. Se há uma mentira, há outras. A constituição da verdade fica abalada.

O homem que mentia sobre o bônus não conseguia entender isso. Ele acreditava que o que sua mulher não sabia não poderia feri-la. Mas, após alguns cutucões, ele admitiu supor que ela também mentia sobre algumas coisas. Como sabia que ela não confiava nele, ele imaginava que não podia confiar nela.

A falta de confiança é tão comum em tantos casais que eles passam a aceitá-la como o *status quo*. O medo da traição, porém, é um sinal de que a criança ferida e assustada está viva e presente no relacionamento íntimo. A maturidade emocional insiste que nos comprometamos a encontrar segurança na verdade.

Exercício 2: **Segredos com o dinheiro**

Se você mente em relação ao dinheiro, ainda que em coisas sem importância, não se engane. Isso *é* uma grande coisa, sim. Tente encontrar os medos ocultos que fazem você mentir.

1. Você já escondeu do parceiro alguma coisa que tenha comprado, para evitar uma briga por dinheiro? Se a resposta for sim, descreva a situação. Escreva o motivo pelo qual achou melhor mentir.
2. Você já mentiu ao parceiro a respeito do custo de alguma coisa comprada? Em caso afirmativo, escreva o motivo.
3. Você já guardou dinheiro às escondidas? Em caso afirmativo, por quê?
4. Você já emprestou dinheiro a um amigo sem dizer ao parceiro? Em caso afirmativo, por que guardou segredo disso?
5. Você deixou de falar ao parceiro sobre as dívidas que você trouxe ao casamento? Em caso afirmativo, por quê?
6. Você já pegou o dinheiro que estava reservado para pagar uma conta e o usou em algo que queria – e mentiu a respeito? Por quê?
7. Você tem medo do que pode acontecer se disser a verdade?

O princípio do prazer

Peter e Marsha vieram ambos de famílias de classe média alta que trabalhavam muito e tinham semelhantes recursos financeiros, investimentos e propriedades. Mesmo assim, as famílias tinham idéias diferentes do modo como o dinheiro devia ser usado. A família de Peter quase nunca gastava com coisas supérfluas. Ele aprendera a se sentir extremamente culpado se gastasse dinheiro por mero prazer. A família de Marsha economizava dinheiro para as férias, participava de clubes de Natal e jantava fora uma vez por semana. Fazer uma extravagância por divertimento, como ir a um concerto ou ao cinema, era considerado dinheiro bem usado.

Embora os dois tivessem bons empregos, Peter e Marsha viviam brigando sobre o modo de gastar dinheiro. Uma discussão típica girava em torno do planejamento para as férias.

Marsha: Eu quero tirar férias de verdade este ano. Vamos viajar para longe, para algum lugar onde possamos relaxar. Ouvi falar de um ótimo condomínio no Havaí para alugar.
Peter: Marsha, você sabe que este ano nós pensamos em pintar a casa durantes as férias.
Marsha: Podemos contratar alguém para pintar a casa. Eu preciso mesmo viajar.
Peter: Eu não entendo você. Queria tanto esta casa, e agora só quer se afastar dela. Eu trabalho demais para jogar dinheiro fora em viagens de férias.
Marsha: Eu não sabia que havia me casado com o sr. Desmancha-prazeres.

Peter está certo? Marsha está certa? Na verdade, nenhum dos dois está. Um conflito envolvendo dinheiro geralmente nada tem a ver com estar certo ou errado. Tem a ver, isto sim, com estar ciente – de preferência *antes* do casamento – dos diferentes estilos de usar o dinheiro e decidir como resolver os inevitáveis desacordos que surgirão. Isso sempre me surpreende. Já aconselhei muitos casais que nunca haviam discutido os conceitos mais básicos de dinheiro antes de se casarem. Esse deveria ser um tema básico, já discutido muito antes de os sinos anunciarem o casamento. Eu brinco com os casais, perguntando: "Vocês saíam juntos, não saíam? Só ficavam andando, acompanhados de uma criada? Não iam ao cinema? Não jantavam num restaurante? Não compravam roupas juntos? Nunca alugaram um apartamento?" Geralmente, eles ficam assustados e envergonhados quando percebem quão pouco sabem das atitudes do outro ou das intenções secretas em relação ao dinheiro.

Exercício 3: **Valores do dinheiro**

Individualmente, marquem com "sim" ou "não" as seguintes afirmações. Depois, comparem as respostas.

1. Se estamos casados, devemos dividir as finanças igualmente, independentemente de quem ganha mais ou menos. Isso inclui conta-corrente, poupança, fundos de investimento, planos de aposentadoria, propriedades etc.
( ) Sim ( ) Não

2. Os cartões de crédito devem ser pagos integralmente todo mês.
( ) Sim ( ) Não

3. É importante dar dinheiro a instituições de caridade.
( ) Sim ( ) Não

4. É importante que cada um de nós contribua financeiramente para a vida a dois.
( ) Sim ( ) Não

5. É aceitável que a mulher ganhe mais dinheiro que seu marido.
( ) Sim ( ) Não

6. Acredito que "o que é meu é seu".
( ) Sim ( ) Não

7. Jantar em restaurantes é desperdício de dinheiro.
( ) Sim ( ) Não

8. É importante viver uma vida com os confortos da classe média alta, com todo o luxo/*status* a que você tem direito (carro, casa, móveis, escola particular, férias, roupas, cuidados pessoais com cabelos ou unhas etc.).
( ) Sim ( ) Não

(Continua na próxima página)

9. Uma pessoa deve ser livre para escolher seu emprego, mesmo que o cônjuge não aprove.

( ) Sim ( ) Não

10. Não faz mal nenhum guardar pequenos segredos de seu cônjuge a respeito de seus hábitos de gastar.

( ) Sim ( ) Não

11. Acordos pré-nupciais são necessários quando uma pessoa tem bem mais dinheiro ou propriedades que a outra.

( ) Sim ( ) Não

12. Acordos pré-nupciais são um sinal de desconfiança.

( ) Sim ( ) Não

13. O marido ou a mulher não deve ser responsável por dívidas que o parceiro contraiu antes do casamento.

( ) Sim ( ) Não

14. É importante ter um orçamento fixo e se ater a ele.

( ) Sim ( ) Não

15. As famílias devem ajudar seus pais idosos, caso eles precisem de auxílio financeiro.

( ) Sim ( ) Não

16. Os pais devem ajudar financeiramente os filhos adultos.

( ) Sim ( ) Não

17. Jogos de azar ocasionais e loteria são um gasto inofensivo.

( ) Sim ( ) Não

(Continua na próxima página)

18. É importante pechinchar na hora de comprar coisas para a casa, mesmo que isso signifique "gastar" tempo para economizar dinheiro.

( ) *Sim* ( ) *Não*

19. Os filhos devem ter tarefas para ganhar uma mesada e para desenvolver o senso de responsabilidade.

( ) *Sim* ( ) *Não*

20. É um sinal de amor dar aos filhos as coisas materiais que você não tinha quando era criança.

( ) *Sim* ( ) *Não*

21. O cônjuge que fica em casa deve ter tanto valor e consideração quanto o que trabalha fora.

( ) *Sim* ( ) *Não*

Exercício 4: **Lista de prioridades**

Suas prioridades quanto ao uso do dinheiro combinam com as de seu parceiro? A lista a seguir apresenta algumas despesas típicas. À direita de cada item, aparecem os números que refletem uma escala de importância de 1 (menos importante) a 5 (mais importante). Individualmente, marquem o número que corresponde às suas prioridades pessoais, depois comparem suas respostas.

Nome	**Prioridade**				
Casa própria	1	2	3	4	5
Automóveis	1	2	3	4	5
Economias/poupança	1	2	3	4	5
Estudo/educação	1	2	3	4	5
Ter filhos	1	2	3	4	5
Assistência médica	1	2	3	4	5
Roupas	1	2	3	4	5

(Continua na próxima página)

Melhorias na casa	1	2	3	4	5
Móveis	1	2	3	4	5
Ajudar parentes	1	2	3	4	5
Viagens	1	2	3	4	5
Entretenimento	1	2	3	4	5
Cosméticos/cirurgias estéticas	1	2	3	4	5
Dívidas anteriores ao casamento	1	2	3	4	5
Animais de estimação	1	2	3	4	5
Hobbies	1	2	3	4	5
Equipamentos eletrônicos	1	2	3	4	5
Feriados/comemorações	1	2	3	4	5
Caridade	1	2	3	4	5
Boa forma	1	2	3	4	5
Outros _____	1	2	3	4	5

Não se engane, pensando que não precisa fazer isso se tiver poucos ou muitos recursos financeiros. Não importa sua condição financeira, a questão de ver o copo meio cheio ou meio vazio exercerá um impacto em seu relacionamento e no modo como você decide gastar ou economizar dinheiro e como envolve ou exclui seu parceiro. Não caia na armadilha de tentar varrer tudo para debaixo do tapete. A montanha de problemas só vai crescer e, quando você menos espera, ela começa a atrapalhar seu caminho, e isso pode custar muito caro.

Exercício 5: **Presente do céu**

Parabéns! Você acabou de ganhar 100 mil reais no último sorteio da loteria, ou herdou essa quantia de um ente querido que faleceu. Como vai gastar tudo isso? Individualmente, peguem uma folha de papel e façam o seguinte exercício.
Escrevam como vocês usariam esse presente do céu.
Eis algumas sugestões:

Pagar contas.
Acabar com as dívidas.

(Continua na próxima página)

Comprar um sofá novo.
Colocar o dinheiro na poupança ou em algum outro fundo de investimento.
Comprar um carro ou um barco.
Dar entrada na compra de uma casa.
Fazer uma viagem.
Reformar a casa.
Abrir uma poupança para a faculdade dos filhos.
Ajudar os pais idosos.
Comprar roupas e sapatos para a família.
Doar parte do dinheiro a instituições de caridade.

Escrevam como vocês acham que o parceiro preferiria usar o presente do céu de 100 mil reais. Comparem as respostas.

Você acertou as respostas do outro? Suas idéias de como usar o dinheiro são semelhantes ou diferentes? O que as diferenças revelam quanto às atitudes de ambos em relação ao dinheiro? O que você descobriu que pode ser um problema ou criar um impasse entre vocês nas questões financeiras? O que você descobriu que pode ser uma área de solidariedade no relacionamento? Você se surpreendeu consigo mesmo? E com seu parceiro?

Riquezas no relacionamento: um sistema de créditos e débitos

Ser rico ou pobre não se restringe ao dinheiro e aos bens materiais. Em um nível mais fundamental, tem a ver com o modo como você define valor e como administra o dar-e-receber na vida diária. Quanto você investe em seu casamento em termos de tempo, atividade e boa vontade? Quanto você "gasta"? Um de vocês investe mais que o outro?

Se você tenta sacar dinheiro do caixa eletrônico sem ter depositado nada na conta, aparece uma mensagem: "Saldo insuficiente". O mesmo acontece no casamento. Freqüentemente, uma pessoa faz a maior parte dos depósitos (de tempo, dinheiro e amor), enquanto a outra apenas saca.

É natural em um relacionamento "sacarmos" algumas coisas que a princípio nos atraíram – contato sexual satisfatório, boa companhia, alguém para nos esperar em casa após um longo dia de trabalho, alguém que é bom para nossos filhos –, mas geralmente há muito mais que isso. Nós também queremos permissão para sair do trabalho e cuidar de um pai idoso ou de uma criança em fase de crescimento, queremos a liberdade de passar um tempo com os amigos e a possibilidade de largar um emprego detestável. Todos esses itens são saques que fazemos da conta do relacionamento. Se uma pessoa vive retirando, sem depositar nada, surge o ressentimento. Por exemplo:

- ✓ Você quer sexo, mas não fala com seu parceiro há dias.
- ✓ Você está ansioso por jogar golfe com os amigos, mas há várias semanas vem ignorando o pedido de sua parceira de saírem juntos para um jantar íntimo.
- ✓ Você quer fazer um curso três noites por semana, mas não tem tempo para a família nas outras noites.
- ✓ Você espera que sua parceira acomode em casa seus parentes no próximo feriado, mas não se oferece para ajudar.

Talvez você esteja mais investindo na conta do relacionamento do que retirando, mas seu investimento costuma vir acompanhado de reclamações, raiva e martírio. É como fazer um cheque para o pagamento de alguma coisa e depois sustá-lo.

Compreender essa questão e a origem dela em sua vida e em seus relacionamentos é o primeiro passo para transformar um estado de sofrimento em um estado de reciprocidade e receptividade. É destrutivo colocar-se em um ou outro extremo do espectro em seu relacionamento com seu cônjuge, seus pais, irmãos, colegas ou amigos. A pessoa que vive apenas depositando pode assumir o perigoso papel da vítima sofredora, o que se torna uma armadilha debilitante e mortal. É igualmente perigoso colocar-se sempre no papel do sacador, pois isso cria uma atmosfera de uso e abuso, além da percepção distorcida de posse que permite essa forma de destruição no relacionamento. Um bom casamento requer eqüidade. Isso significa confiança mútua de que ambos estão presentes como parceiros iguais. A boa notícia é que, se agora não existe eqüidade, você pode criá-la. Antes de criar um orçamento familiar, certifique-se de que o caixa eletrônico conjugal está em equilíbrio.

Exercício 6: **Seu caixa eletrônico conjugal**

Reflita sobre a semana que passou. Escreva uma lista com cinco depósitos que você fez em seu caixa eletrônico conjugal. (Por exemplo, você fez o jantar três vezes e levou sua sogra ao *shopping* sem reclamar.)
1.
2.
3.
4.
5.
Escreva uma lista com cinco saques que você fez de seu caixa eletrônico conjugal. (Por exemplo, você falou sobre seus problemas de trabalho por uma hora ou dormiu até tarde, enquanto seu parceiro preparava o café-da-manhã.)
1.
2.
3.
4.
5.
Compare sua lista com a de seu parceiro. O que você descobriu acerca da eqüidade que existe no casamento?

7

Na saúde e na doença

> TENHA MENOS MEDO, COMA MENOS,
> MASTIGUE MAIS, RESMUNGUE MENOS, RESPIRE MAIS,
> FALE MENOS, DIGA MAIS, AME MAIS,
> E TODAS AS COISAS BOAS SERÃO SUAS.
> – *Provérbio sueco*

A promessa de amar na saúde e na doença parece perfeitamente clara na superfície, mas, com freqüência, as entrelinhas são estas:

> Eu achava que suas alergias eram um problema temporário, não seis meses por ano espirrando e ofegando... A conta do dentista está ficando exorbitante... E por que você não me disse que havia casos de câncer em sua família? Eu não esperava passar os melhores anos de minha vida em salas de espera de hospitais. Fico muito triste por sua mãe ter câncer nos ovários, mas será que não mereço ser feliz? Não espere que eu passe meus anos dourados como seu enfermeiro. Isso nunca vai acontecer.

Ou...

Sua promessa de me amar na saúde e na doença incluía verrugas e tudo o mais. Eu quero que você cuide de mim, mesmo quando não estou a fim de cuidar de mim mesmo. Você sabe como eu sou. E daí que preciso tomar umas no fim do dia para aliviar o estresse? Sou daquele tipo de pessoa que não consegue parar de fumar, de jeito nenhum. E você vai ter que tentar viver comigo quando eu estiver mal ou deprimido.

Ou...

Espero que você me ame mesmo que eu não cuide de mim. O que conta é a beleza interior, não é? Além disso, você precisa cuidar de minha saúde melhor do que eu cuido, mas não me torre a paciência com aquela história de ficar em forma.

Temos a tendência a pensar que estar doente ou estar saudável são coisas que simplesmente acontecem conosco e não dependem de nada que façamos. Claro que todos esperamos ter saúde e tememos ficar doentes ou debilitados. Há uma profunda fonte de segurança implícita na união oferecida pelo casamento, pois sabemos que podemos contar com aquela pessoa especial para nos apoiar e ajudar, caso adoeçamos. Mas não é incomum o medo de que nosso parceiro deixe de nos amar se nos tornarmos um peso ou se não pudermos mais ser uma presença total e ativa no relacionamento. O equilíbrio em algumas uniões depende de que cada pessoa preste sua contribuição, e, quando esse equilíbrio é perturbado, não é raro as pessoas reclamarem, em voz alta ou em silêncio: "Não foi para isso que me casei!"

São poucos os casais que se dão o trabalho (ou aceitam correr o risco) de definir as implicações potenciais desse voto antes do casamento. E não estou falando só de casais jovens, radiantes de saúde. Já aconselhei casais mais velhos, com 60 ou 70 anos, que nunca partilharam seus sentimentos em relação a cuidar de si e do outro no caso de doença. Ora, isso é como evitar o elefante na sala! Já aconselhei famílias de militares que nunca conversaram sobre como poderiam lidar com os debilitantes ferimentos de guerra, tanto físicos quanto psicológicos. O medo é tão grande que os deixa mudos. É quase como se um tabu fosse quebrado, uma superstição fosse tocada – como se, ao falar de uma coisa, você a fizesse acontecer.

Encarar o voto de amar na saúde e na doença é encarar a verdade. As duas pessoas estão prometendo empenhar-se juntas para dar o melhor de si, envolver-se plenamente na vida do corpo, da mente e do espírito, assumir o controle do que for possível e trabalhar da melhor forma com aquilo que escapa ao controle. É um compromisso sagrado os dois se posicionarem juntos contra os ataques do tempo, da velhice e da doença, aceitando as realidades da vida biológica e apegando-se, no entanto, ao otimismo quanto ao futuro.

O significado de cuidar

Foster e Jill simbolizavam o acordo sobre questões de saúde feito por muitos casais, que é mais ou menos assim: "Eu resmungo e você resiste". Quando os dois me procuraram no consultório, estavam passando por uma grande crise. Pesando mais de 130 quilos, Foster tinha o rosto vermelho e ofegava muito, enquanto afundava no sofá. Parecia ter muito mais que seus poucos 35 anos. Jill, magra e nervosa, sentou-se ereta na beirada da cadeira, com os joelhos firmemente juntos.

Foster havia consultado um médico por causa de suas alergias, que haviam piorado muito. Alarmado com a fraca capacidade dos pulmões e com o peso de Foster, o médico insistiu para que ele fosse levado de ambulância ao hospital mais próximo, onde passou a noite em observação. Foster teve alta, mas precisou ficar de cama por três dias. Jill cuidou dele o tempo todo, além de olhar os dois filhos, com 3 anos e 1 ano de idade. Uma noite, exausta e ressentida, ela explodiu.

"Estou de cama, doente, e ela gritando comigo, dizendo que está cansada de cuidar de mim e que não se casou para viver nesse tormento", Foster desabafou, aparentemente com o orgulho ferido. "Então eu pergunto: bom, para que você se casou? Senti que ela não se importava comigo."

Jill escutou tudo com uma expressão dura, de raiva, e depois me disse: "Ele acha que eu não me importo. Isso é tão falso". Ela suspirou: "Essa é uma briga antiga. Já falamos disso mil vezes. Ele é totalmente insensível. Nada que eu digo faz diferença. Ele não me escuta".

Foster respondeu: "Olhe, Jill, sei que eu devia emagrecer alguns quilos. Reconheço isso, *ok*? Mas com o trabalho e as crianças está tudo um caos". Ele se virou para mim. "Sempre fui um cara grande, mas de repente Jill assumiu uma missão de me mudar, e isso me incomoda. Ela olha para mim de um jeito... ah, se você pudesse ver! Os olhos dela... é como se me odiasse."

"Desde que nos casamos, você engorda ano após ano, e isso já há onze anos", Jill explicou. "Você engordou no mínimo uns trinta quilos desde o dia em que nos casamos. Essa é a diferença agora. E também o fato de que você mal consegue respirar – e toma todos esses remédios para alergia e asma, mas ainda fuma."

Foster e Jill estavam ambos cheios de raiva e ressentimento guardado. Eles continuavam apenas se ferindo, apertando sempre a mesma tecla. A continuidade daquela disputa não levaria a nada. Sugeri que olhassem para trás e tentassem descobrir o que de fato estava acontecendo, por meio do exercício de espalhamento, validação e empatia, para que eles tivessem uma chance de escutar um ao outro.

Pedi a Jill que girasse a cadeira e ficasse de frente para Foster, no sofá. "Jill, diga a Foster como você se sente em relação a isso – não o que você acha que ele devia fazer ou o que você já disse antes, apenas o que está sentindo. Tente falar com o coração e a partir de sua dor, não da raiva." Jill pensou um pouco.

Jill: Foster, eu o amo e me importo com você, mas às vezes parece que só eu me importo. Quando você foi hospitalizado na semana passada, fiquei apavorada. Morro de medo de que você morra e não esteja mais ao lado, vendo as crianças crescerem. Eu quero ajudar, mas me sinto impotente diante de sua completa negação.

Foster imediatamente abriu a boca para protestar, e eu levantei a mão: "Antes de você responder, vamos ter certeza de que ouviu o que Jill disse. Veja se consegue repetir tudo para ela, reproduzindo a essência de suas palavras e sentimentos".

Foster: Tudo bem, você disse que ficou preocupada quando fui para o hospital e que tem medo de que eu morra e deixe você sozinha para agüentar o tranco. Certo?

Jill franziu a testa: "Não foi nada disso que eu disse".

"Acho que você deu uma versão abreviada", comentei. "Foster, se você não tem certeza do que faltou, então peça a Jill que lhe diga de novo o que sente, para você repetir as palavras."

Como expliquei antes, às vezes é necessário reenviar a mensagem, pois a maioria dos parceiros se acostuma a não prestar atenção um no outro, enquanto estão falando. Eles ficam absorvidos em si próprios, falando ou esperando para falar. Por isso, quando tentam espelhar o parceiro, enviam de volta uma mensagem distorcida. É vital ouvir as palavras verdadeiras e a essência dos sentimentos do parceiro e tomar cuidado para que nossas defesas não nos enganem e nos roubem a oportunidade de curar as dores que vêm importunando o relacionamento.

"Foster", eu disse, "você gostaria que Jill repetisse o que ela falou e que você perdeu? Lembre-se de que um espelho só reflete o que está lá, nada mais e nada menos."

"Certo", Foster disse, mexendo-se desconfortavelmente no sofá. "Jill, por favor, me diga o que não entendi quando espelhei você."

Jill replicou: "Seu tonto, você não entendeu nada do que é importante".

Foi aí que o momento de cura apareceu: "Jill", eu disse, "conte a Foster o que ele perdeu e que é importante".

"Que eu o amo e me importo com ele", ela disse, virando-se para mim.

"Não fale comigo", pedi, com delicadeza. "Fale com ele."

Eu sabia que aconteceria uma destas duas coisas: ou as defesas e proteções do ego venceriam, ou a vulnerabilidade, honestidade, amor e responsabilidade prevaleceriam e dariam um fim àquela situação que bloqueava a vida e o casamento dos dois. Eu tinha um palpite de que a coragem seria vitoriosa com Jill e Foster. Havia um jogo limpo em seu estilo de briga. Apesar da frustração, o compromisso e a abertura indicavam que eles estavam prontos para dar o próximo passo.

Jill se virou para Foster e juntou ainda mais os joelhos. Olhou diretamente no rosto dele e, antes de repetir as palavras, começou a chorar. Eu vi o choque e a surpresa no rosto de Foster, que começou a chorar também. Nenhuma palavra foi dita entre os dois, mas a fria muralha de proteção começava a ruir.

Jill: Foster, eu o amo e me importo com você, e só de pensar em viver sem você fico apavorada. Mas sinto que você não se importa comigo nem com as crianças, porque não cuida de sua saúde e de seu corpo, e sinto que não cuida de nós também. Preciso de você por perto, não só porque não quero criar as crianças sozinha ou porque morreria sem você, mas porque preciso de você e quero envelhecer ao seu lado. Eu amo você.

Antes de pedir a Foster que espelhasse as palavras de Jill, perguntei a ela por que estava chorando. Ela disse que vivia tão zangada que não se lembrava mais de quanto amava Foster. Era uma boa sensação, ela explicou, perceber como o amor e o desejo por seu marido eram profundos. Esse é um ponto importante, porque os casais podem ficar tão entrincheirados na luta pelo poder e no jogo de culpa e martírio que perdem o contato com a base de sua bondade e da bondade do parceiro.

Foster espelhou Jill de maneira linda. Alguma coisa havia mudado entre eles. Cada um estava interessado no que o outro dizia, e, mesmo quando a verdade doía, eu lhes ensinei a dizer "ai" e a observar que estavam pisando no solo sagrado da dor e da transformação.

"Foster, os sentimentos de Jill fazem sentido para você?", perguntei. "Você diria que eles são válidos?"

"Só posso dizer que sim." Ele estava chorando, com a atenção toda voltada para Jill.

"Você pode dizer a Jill como acha que ela se sente?"

Foster conseguiu ter uma perfeita empatia com o medo e a frustração que Jill vinha sentindo. Também teve empatia com o grande amor dela por ele, porque também a amava muito.

Em seguida, expliquei que a promessa de Jill de cuidar de Foster "na saúde e na doença" não significava que ela tinha de ser responsável por juntar todos os pedaços ou se importar mais com ele do que ele se importava consigo próprio. "Cuidar sem limites é a definição de uma vítima", eu disse.

Pedi a Jill que escrevesse as promessas que ela podia fazer para demonstrar que se importava com Foster e cuidava dele, dentro de certos limites. Ela apresentou esta lista:

- ✓ Prometo não cuidar mais de sua saúde do que você mesmo cuida.
- ✓ Prometo não importuná-lo para que você se cuide.
- ✓ Prometo apoiar você em seus pedidos específicos, como não trazer doces para casa, marcar consultas com o médico ou acompanhá-lo em suas caminhadas diárias.
- ✓ Prometo ser sincera de modo respeitoso, quando me sentir perturbada por você não cuidar de si próprio.
- ✓ Prometo lembrar você do que prometeu às crianças e a mim.
- ✓ Prometo lembrá-lo de que eu o amo e me importo com você, e prometo tratá-lo como adulto, não como criança.

"Jill não pode forçar você a perder peso ou a parar de fumar", eu disse a Foster. "Nem você gostaria que ela fizesse isso. Mas as decisões que você toma a afetam. A mentira que está dizendo a si mesmo é que o corpo é seu, e o que você faz com ele é problema seu, então Jill deve ficar quieta, a menos que você peça a ajuda dela. Nesse caso, você acha que ela devia ser uma enfermeira amorosa e que nada julga. Mas ela tem o direito de pedir que você esteja presente como adulto e seja um parceiro completo no casamento."

Trabalhei com Foster e Jill no sentido de fazê-los compreender qual questão não resolvida da infância aquele impasse representava para ambos. Foster percebeu que, na infância, nunca tinha ajuda alguma em suas necessidades, mas recebia muito *feedback* quando fazia coisas erradas. Por causa dessa ferida, ele fora incapaz de ouvir Jill em meio ao clamor de vozes críticas do passado. Quanto a Jill, enquanto ela crescia, teve de trabalhar muito para manter a família saudável. Caíra sobre ela a responsabilidade de cuidar de coisas que não deveria cuidar, e ela se ressentia muito das pessoas que se recusavam a mudar. Jill e Foster estavam recriando suas feridas da infância no casamento. Felizmente se comprometeram a consertar o que estava quebrado, colocando a responsabilidade no devido lugar e empenhando-se em um novo contrato que fosse justo para os dois. Além disso, também estavam dispostos a responder a si próprios, um ao outro, e a mim. Estavam presentes e faziam um trabalho ativo para crescer, sendo capazes de colher os benefícios de uma ligação de amor satisfatória e de uma verdadeira parceria.

O voto de compromisso na saúde e na doença significa que você vai lutar pela saúde – não apenas física, mas também mental e emocional. E isso se aplica às duas pessoas. Um homem me disse que sua mulher queria mais para ele do que ele próprio queria para si; ela era mais preocupada com a saúde do marido do que ele mesmo. Você pode levar um cavalo até a água, mas não pode forçá-lo a beber. Essa é a lição para todos os facilitadores. Você não pode fazer ninguém beber, e, se tentar, você acaba matando a essência de sua própria vida.

Cuidar de si mesmo em primeiro lugar

Muitas mulheres se dedicam tanto a cuidar de seus familiares que não sobra nada para elas. Elas se colocam em último lugar na lista e nunca cuidam realmente de si mesmas. Usam a exaustão física e o desgaste emocional como um símbolo de honra. Quanto mais fazem pelas pessoas que elas amam, mais aceitável se torna o auto-abandono. Essas mulheres acreditam que não há problema em se tornarem o cordeiro imolado no altar do sacrifício de seus valores familiares e pessoais. Essa é uma mentira que as mulheres se permitem engolir. O desafio é reinventar um meio de elas serem amáveis como esposas e mães sem se colocarem no fim da lista.

Se você não se cuida, não pode cuidar dos outros. Isso é um fato. É como a mensagem que ouvimos no avião quando a comissária de bordo nos instrui: "No caso de emergência, se você estiver com uma criança ou com alguém que precisa de assistência, coloque sua máscara primeiro". A questão é clara: se você quer ser realmente útil, tem de poder respirar. Você precisa estar vivo.

Grande parte da auto-atenção consiste em se permitir ser humano. A mídia e a sociedade vivem comunicando a mensagem de que as mulheres precisam se "unir", ser capazes de realizar qualquer tarefa que lhes seja designada. Mas, quando as mulheres vêem que na realidade são tão sobrecarregadas na vida, podem sentir que não são suficientemente boas ou dignas. Elas costumam se comparar com outras mulheres que parecem ser capazes de "fazer de tudo" – e, ao se compararem, sentem-se insuficientes e se sobrecarregam. Mas você não pode estar presente em sua vida e deixar um impacto duradouro se viver sempre correndo.

Quando a mulher se sente sufocada de tanto se esforçar e não consegue alcançar a perfeição, o medo pode debilitá-la. O barômetro interno que mede, guia e direciona sua vida como mulher poderosa – e que lhe diz que ela é boa o suficiente – está quebrado e precisa de conserto.

Marlene estava deprimida com o peso das responsabilidades desde que tivera um bebê. Ela sentia que havia decepcionado a si própria e ao marido. "Sempre fui uma dessas jovens que estão sempre rodeadas pelos garotos mais bonitos da escola", ela disse, pesarosa. "Casei-me com um homem bonito. Eu dizia que era o melhor da ninhada. Nós estávamos lindíssimos no dia do casamento. Mas hoje estou relaxada comigo mesma. Peso mais de cem quilos e me odeio. Não havia percebido como estava mal até ir ao supermercado na semana passada e ver um de meus ex-namorados. Ele nem me reconheceu. Eu lhe disse quem era e pude ver em seu rosto a expressão de susto e aversão. Sei que ele pensou: 'O que aconteceu com ela?' Eu me senti humilhada e me perguntei também: 'O que aconteceu com aquela moça? Perdeu-se e desapareceu para sempre?'"

Marlene estava sufocada por sentimentos de fracasso. A escalada de volta à auto-estima parecia muito longa. Ela tinha vergonha de não ser mais a mulher com quem seu marido se casara.

"Foi uma mentira que você disse diante do altar", expliquei. "Você estava lá, em seu lindo vestido, ao lado de seu belo noivo, e prometeu que sempre seria perfeita, a qualquer custo. Seria a super-heroína dele. Agora está com vergonha por não ter conseguido respeitar seus padrões impossíveis." Enquanto Marlene não compreendesse a mentira (de que precisava ser perfeita para ser amada) e a substituísse pela verdade (de que era digna de amor do jeito como era), não conseguiria cuidar de si mesma de maneira significativa. Mas, ao abraçar essa verdade, ela se viu carregada de uma nova energia e motivação para cuidar de si. O excesso de peso foi uma das correntes que começou a se quebrar.

Saúde sexual

A cena a seguir lhe parece familiar? Mary e Gayle são grandes amigas. Como as mulheres costumam fazer, elas contam segredos uma à outra, e um deles é o novo romance de Gayle. Mary pergunta: "E o sexo, é bom?" Gayle sorri e confessa: "É ótimo! Ele é tão ligado em mim. Ele diz que sou *sexy*. Ele ama meu corpo. Ele adora fazer amor comigo".

Observou uma coisa? Eu lhe dou uma dica: *Ele... ele... ele... ele...* Nenhuma palavra sobre como Gayle se sente ou se *ela* é ligada nele. Toda a ênfase é no desejo dele por ela.

Creio que o verdadeiro motivo por que as mulheres lutam tanto para ter um orgasmo é que ficam tão ocupadas em montar o palco, em agradar, por medo e pressão cultural, que não dão a menor ênfase em serem satisfeitas. Muitas mulheres pensam: "Se ele se excita comigo e eu o agrado, então sou uma boa amante". Talvez sejam apenas boas atrizes. Para alguém ser um bom amante, é essencial ter a habilidade de receber prazer tanto quanto a de dar.

As mulheres aprendem socialmente a agradar não apenas na cozinha, mas também no quarto. O sexo é uma área particularmente escorregadia, porque a total intimidade e a completa exposição do ato sexual podem desencadear muitos de nossos medos mais básicos e uma sensação de vulnerabilidade.

Por exemplo, muitas mulheres dizem a si mesmas, enganando-se:

- ✓ Tenho um corpo magnífico e sou sexualmente desejável.
- ✓ Se meu parceiro tem um caso, significa que não estou satisfazendo suas necessidades.
- ✓ A satisfação sexual dele é mais importante que a minha.
- ✓ Se o sexo é bom, o relacionamento agüenta qualquer coisa.
- ✓ Se meu parceiro tem problemas de desempenho, é porque não sou muito boa como amante.
- ✓ Se meu parceiro quer sexo, devo fazer um esforço, mesmo que não esteja com vontade.
- ✓ Se meu parceiro quer sexo e eu concordo em fazer, mesmo sem vontade, ele vai me respeitar e me honrar.

Todas essas crenças são mentiras, mas as mentiras ganham poder porque nunca são confrontadas nem desmistificadas, e são reforçadas todos os dias pela mídia e pela sociedade em geral.

Claro que há outro lado na dança sexual. O que o homem quer em termos de sexo, no relacionamento? Quais são suas percepções errôneas e suas inseguranças? Quais são suas expectativas? E seus medos?

A disfunção sexual masculina pode ser devida a diversos fatores: excesso de comida, álcool ou drogas, descontração insuficiente, desinteresse, remédios que interferem na libido, inabilidade ou indisposição da mulher para excitá-lo, medo de não ter um bom desempenho, idade, estereótipos masculinos do que é um comportamento sexual aceitável, falta de compreensão de que a relação sexual pode ser prazerosa para ambos os parceiros.

Não se case achando que conhece todas as atitudes do outro em relação ao sexo ou quais são as diferentes necessidades sexuais de cada um, se vocês nunca falaram nelas. Nem ao menos suponha que, só porque já tiveram relações sexuais antes do casamento, sabem tudo que precisam saber. Antes do casamento, os pares exibem sua "identidade apresentável", e isso acontece também com pessoas morando juntas. Certa vez, uma mulher me ligou no consultório, histérica, três dias depois da cerimônia de casamento. Seu novo marido, com quem ela havia morado por dois anos antes de se casarem, anunciou na noite de núpcias que era "extremamente importante" para ele ter uma espécie de ato sexual que ela abominava. O tempo todo que os dois haviam morado juntos, ele nunca havia mencionado aquilo. "Disse que não achava apropriado falar do assunto enquanto não fôssemos casados", ela exclamou. "Mas ele afirma que, segundo a Bíblia, não existe abominação entre um homem e uma mulher que se comprometeram um com o outro, por isso não há problema. Agora, ele espera aquilo de mim, e não sei se consigo."

Saiba, antes do casamento, quais são suas necessidades e preferências sexuais, e isso significa compreender as impressões vindas da infância.

Exercício 1: **Suas impressões sexuais**

Seus modelos primários de sexualidade foram seus pais. Isso pode parecer estranho, uma vez que a maioria das pessoas tem dificuldade de ver os pais como seres sexuais. Mas a impressão foi feita. Considere as seguintes perguntas:

1. Seus pais eram fisicamente amorosos um com o outro?
2. Seus pais tinham apelidos afetuosos entre si ou demonstravam, de alguma forma, o que se poderia reconhecer como flerte divertido?
3. A conversa sobre sexo era tabu?
4. Sua mãe ou seu pai tiveram alguma conversa séria com você sobre sua sexualidade, quando você entrou na puberdade?
5. As atitudes quanto à expressão da sexualidade eram diferentes entre meninos e meninas em sua família?
6. Qual era a atitude de seus pais com relação a *gays* e lésbicas?
7. Seus pais acreditavam que sexo antes do casamento era pecado?

(Continua na próxima página)

8. Você se sentia à vontade para falar com sua mãe ou seu pai a respeito de suas dúvidas sexuais?
9. Seus pais às vezes discutiam por causa de sexo ou de comportamento sexual, como o ato de paquerar em festas?
10. Havia uma aura de vergonha ou de abertura em relação ao sexo?
11. O sexo era usado para encobrir problemas mais profundos?

Comparar suas respostas com as de seu parceiro é uma maneira positiva e não ameaçadora de iniciar um diálogo sobre a vida sexual e as crenças, esperanças, expectativas e necessidades de ambos.

Vício: a maior mentira

Tenho enorme compaixão por pessoas que se relacionam com viciados. O vício é poderoso e sufocante. Como mencionei na introdução do livro, já passei por isso. Fiquei muito tempo com um homem que era viciado e, por mais que o amasse e me importasse com ele, eu nada podia fazer contra o poder de seu vício.

Este é o segredo dos viciados: eles são incrivelmente sedutores. Podem ser os indivíduos mais carismáticos da sala – as companhias mais divertidas e aparentemente as almas mais espiritualmente vivas e sensíveis. Os viciados têm o dom de mexer com você de um modo que ninguém mais consegue. Eles são excelentes vendedores. O que sei hoje, e não entendia enquanto estava com ele, é que um viciado é mais apegado ao vício que a qualquer outra coisa ou pessoa. Era uma ilusão achar que meu parceiro era espiritualmente vivo ou sensível. A realidade era bem o contrário. Ele estava espiritualmente morto e não tinha o menor contato com sua capacidade de se importar comigo ou com qualquer outra pessoa em sua vida. Lembre-se de que minha disposição para me ligar àquele homem surgira da ilusão de que eu o faria mudar por minha causa. Achava que, se ele se importasse o suficiente comigo a ponto de abandonar o vício, significaria que eu tinha valor. Eu ainda não havia aprendido a encontrar valor em mim mesma. Estava perdida e em busca de meu espírito. Ufa! Que bom que não moro mais naquele endereço e que não deixei um recado que permitisse à minha baixa auto-estima me encontrar.

Nora conheceu Donald num bar onde ela estava tomando uns drinques com as amigas. Ele fascinou as moças, contando uma história hilária após a outra. Ela não ria daquele jeito havia anos, e todas as amigas esperavam ser a escolhida por aquele homem encantador e espirituoso. Nora ficou muito atraída por Donald e, quando ele telefonou para marcar um encontro no dia seguinte, ela ficou maravilhada. Todas as amigas a invejaram. Nora e Donald namoraram por alguns meses e sempre se divertiam, indo constantemente a bares e restaurantes. Nora ficara tão animada que ignorava o fato de Donald estar quase sempre bêbado no fim da noite. Em pouco tempo, ela estava apaixonada.

Quando Donald a convidou para uma viagem de férias às Ilhas Virgens, ela achou o máximo. Ele alugou um pequeno chalé na praia, e Nora mal podia esperar para ter uma semana de diversão e romance – banhos de sol, passeios de barco, caminhadas românticas pela praia e longas noites de sonho. Mas sua fantasia se despedaçou pouco depois de o avião decolar.

Após uma hora de vôo, Donald já havia consumido quatro garrafinhas de uísque. Para total embaraço de Nora, Donald se transformou naquele "outro homem" – a pessoa que ele se tornava quando bebia demais. Embora parecesse encantador, começou a tomar muitas liberdades com a aeromoça, que obviamente percebeu que ele havia bebido muito e teve de pedir-lhe que fizesse silêncio enquanto assistiam a um filme, pois ele ria e falava alto demais. As coisas melhoraram um pouco quando eles aterrissaram e chegaram ao chalé, que era tudo que Nora havia imaginado: sereno e elegante, com uma visão fantástica do brilhante mar azul. Eles guardaram as malas e correram para a praia. Lá, passaram uma deliciosa tarde, com coquetéis tropicais aparecendo um após o outro, como por magia, servidos pelos atenciosos garçons da estância. Donald estava extremamente relaxado, cochilando e roncando alto entre rompantes de consciência e goles dos fortes drinques com rum. Quando o sol baixou no céu tropical, eles começaram a caminhar de volta para o chalé. Donald estava embriagado e não parecia ter a menor noção de seu estado. Andava com Nora como se não estivesse bêbado. Fazia comentários inapropriados e referências à forma de relação sexual que gostava de ter. Mas a última coisa em que Nora estava pensando era fazer sexo com alguém tão embriagado. As investidas dele não eram românticas, e sim ofensivas e desrespeitosas.

Quando se aproximaram do chalé, Nora viu a figura de um homem descansando em uma cadeira na varanda. Olhando mais de perto, ela o reconheceu, e seu coração bateu forte. Era o irmão de Donald, Ken. O que ele estava fazendo lá?

Ao ver o irmão, Donald gritou de alegria e correu para cumprimentá-lo com um grande abraço. "Você chegou!", ele disse. Nora ficou escutando, perplexa, os irmãos fazerem planos para a noite. Quando Ken saiu para comprar uma garrafa de tequila, ela disse, finalmente: "Você não comentou que Ken também viria".

"Não?", Donald perguntou, distraído. "Bem, ele não tinha certeza se poderia vir. Para que estragar a surpresa? Ainda bem que esse chalé tem um sofá-cama."

Nora passou a primeira noite de suas férias sozinha no pequeno quarto lindamente decorado, enquanto Donald e Ken ouviam música alta na sala e acabavam com uma garrafa de tequila, para depois saírem, participarem de alguma festa na praia e continuarem com a "loucura". Nora pegou no sono enquanto chorava, e acordou mais tarde com a chegada de Donald, bêbado, que a olhou e disse que queria muito fazer amor com ela. Ela ficou atônita pela ousadia de Donald de procurá-la para fazer sexo naquele estado. Pensou: "É a pior forma de fazer amor que eu posso imaginar". Mas fizeram, mesmo assim, embora ela soubesse que seria um erro. Donald estava tão bêbado que nem parecia presente. Nora se sentiu como um objeto, alguma coisa para Donald usar e se sentir melhor. Na manhã seguinte, depois que Donald e Ken saíram para beber mais e pescar, ela fez as malas e tomou o primeiro vôo para casa.

"Eu gostaria de dizer que aprendi a lição", Nora me disse anos depois. "Mas ele apareceu em minha casa após uma semana, tão arrasado e cheio de pedidos de desculpa que eu o aceitei de volta. Depois daquilo, toda vez que ele ficava bêbado e fazia alguma loucura, sempre me convencia de que estava arrependido, e nós tínhamos uma noite maravilhosa juntos. E então começava tudo de novo."

Nora estava tentando cumprir a impossível tarefa de criar uma parceria com uma pessoa que não está presente – alguém que parece não estar no recinto e muito menos na relação. Por fim, Donald parou de pedir desculpas, insistindo que Nora era a única pessoa que reclamava de suas bebedeiras. Ele tentava inverter os papéis, fazê-la sentir que o problema era *com ela*. Nora finalmente parou de tentar aceitar o que era inaceitável. Percebeu que ele preferia o hábito de beber a ela, e nada havia mais para se salvar.

A experiência de Nora com Donald é típica da dança perversa e isoladora do viciado com o facilitador. Já vi em meu consultório exemplos, ainda mais freqüentes, de casais que se automedicam com álcool ou drogas para fugir do relacionamento. São aquelas pessoas para as quais relaxamento e alívio de estresse equivalem a substâncias tóxicas. É importante você saber desde o princípio que está se ligando a uma pessoa que simplesmente se entrega à bebida depois de um dia duro de trabalho, ou em meio ao estresse de cuidar de um filho com alguma doença crônica, ou quando surgem pressões financeiras. Vocês não podem ter uma parceria se um dos dois ou os dois já estão quimicamente entorpecidos às oito horas da noite, ou passam a noite em claro, tendo um caso de amor com sua substância preferida.

Álcool, maconha, cocaína, pílulas e pornografia de certa maneira aprisionam você. Eles também destroem todos os seus relacionamentos importantes. Qualquer pessoa que tenha crescido em uma família dominada por alguma forma de abuso de substâncias sabe que isso é verdade. Infelizmente, ao nos tornarmos adultos, costumamos imitar os comportamentos destrutivos que testemunhamos quando fomos mais jovens. É por isso que os filhos de alcoólatras às vezes se tornam alcoólatras também, ou acabam ficando com pessoas que são. Esse ciclo de vício e abuso pode ser quebrado, mas não enquanto o problema não for reconhecido. Ele pode ser quebrado se o vício for exposto e tratado, e se todas as pessoas que sofrem o impacto também receberem ajuda.

Exercício 2: **Você se automedica?**

Para ser considerado um alcoólatra, você não precisa necessariamente ficar bêbado, mas apenas usar o álcool como saída de seu relacionamento ou como forma de lidar com os estresses comuns da vida. Pergunte a si mesmo:

- Você toma um drinque quando precisa se acalmar?
- Preparar e tomar um drinque é seu ritual de relaxamento no fim do dia?
- Seu cônjuge, companheiro ou filho reclama de seu problema com bebida ou drogas?
- Você tem dificuldade para se lembrar da última vez em que não bebeu um ou dois copos de vinho ou outra bebida alcoólica no jantar?
- Você bebe "demais" nos fins de semana ou quando está em férias?
- Você acha que tem direito a uma bebida ou à substância de sua escolha no fim do dia?
- O álcool, as drogas ou a pornografia já lhe causaram o fim de algum relacionamento?
- Você fica nervoso ao saber que vai a um evento social em que não serão servidas bebidas alcoólicas?
- Seu pai ou sua mãe usavam o álcool como um meio para relaxar?
- Já lhe disseram que você muda ou age de modo diferente depois de beber? Mais de uma pessoa já lhe disse isso?
- Você acha que merece beber porque trabalhou muito?

Que promessas vocês podem fazer um ao outro para estarem presentes no casamento, em vez de apelarem para a automedicação como saída? Que promessas vocês estão dispostos a fazer para que o outro se sinta seguro e para que honre os votos matrimoniais? O vício é uma doença de ensimesmamento e in-

(Continua na próxima página)

dolência. Você espera que seu parceiro lhe dê apoio quando você prefere o abuso de substâncias a ele? Essas são perguntas difíceis, mas que devem ser feitas para que ambos possam tomar decisões sábias.

Exercício 3: **Atitudes em relação à saúde**

Antes de fazer a promessa de amar "na saúde e na doença", descubra o que isso significa para cada um. Respondam "sim" ou "não" a estas afirmações individualmente e depois, juntos, usem as respostas para ter uma conversa frutífera.

1. Acredito que cada pessoa é responsável por sua saúde.

( ) *Sim* ( ) *Não*

2. Não há nada de errado em relaxar com um drinque ou um cigarrinho de maconha no fim do dia.

( ) *Sim* ( ) *Não*

3. Se meu parceiro fuma, o problema é dele.

( ) *Sim* ( ) *Não*

4. É inevitável que as pessoas engordem quando ficam mais velhas.

( ) *Sim* ( ) *Não*

5. Se ele/ela engordar, tenho o direito de não aprovar.

( ) *Sim* ( ) *Não*

6. Tenho direito a certa dose de sexo, independentemente de meu comportamento.

( ) *Sim* ( ) *Não*

7. Espero que meu parceiro faça um *check-up* regularmente.

( ) *Sim* ( ) *Não*

(Continua na próxima página)

8. É responsabilidade de meu parceiro marcar consultas com seu médico.

( ) Sim ( ) Não

9. "Na saúde e na doença" não inclui doença mental.

( ) Sim ( ) Não

10. "Na saúde e na doença" não inclui viver com uma pessoa viciada.

( ) Sim ( ) Não

11. Tenho o direito de conhecer o histórico da saúde pessoal e familiar de meu parceiro.

( ) Sim ( ) Não

12. Se eu ficar doente, espero que meu parceiro cuide de mim.

( ) Sim ( ) Não

13. Quando trato meu parceiro com agressividade e desrespeito, espero, mesmo assim, que ele faça sexo comigo.

( ) Sim ( ) Não

14. Se meu parceiro ficar doente, ainda assim espero que me satisfaça sexualmente.

( ) Sim ( ) Não

15. Espero que meu parceiro faça sexo comigo mesmo que eu esteja bêbado ou drogado.

( ) Sim ( ) Não

16. Não há nada de errado em usar pornografia para satisfazer minhas necessidades sexuais.

( ) Sim ( ) Não

Até que a morte nos separe

> Viva como se você fosse morrer amanhã.
> Aprenda como se você fosse viver para sempre.
> – *Mahatma Gandhi*

Quando dizemos "até que a morte nos separe", será que de fato queremos dizer isto?

Enquanto eu não morrer de tédio com você... Enquanto você continuar sendo atraente... Enquanto você mantiver sua boa forma... Enquanto você tiver cabelo... Enquanto você continuar me deixando mole por dentro... Enquanto não aparecer ninguém melhor.

Ou...

Ficarei com você até a morte porque não acredito no divórcio. Mas viverei amargurado e, acredite, você também. Não só isso, mas também vou mencionar nossa situação para todo mundo. Serei mártir por causa de meus votos e usarei meu sofrimento como símbolo de honra.

A promessa de se comprometer com outra pessoa até a morte é uma coisa séria – a menos, claro, que não seja. Não há melhor exemplo de mentira no altar do que esse. A evidência irrefutável é o índice de divórcios, que já está acima de 50% há várias décadas. Um em cada dois casamentos não dura até a morte física. Muitos outros casais morrem emocionalmente, espiritualmente, sexualmente e sensualmente durante o casamento, mas sentem que são obrigados a "honrar" os votos e agüentar até o triste fim. Essas uniões marcadas por um silencioso – às vezes nem tão silencioso – desespero são quebradas muito antes da morte física de um dos parceiros. Eles já estão divorciados, mas não no papel, não pela lei, não de acordo com suas práticas religiosas. Imagino, porém, que se verificássemos o registro de sinceridade e integridade na Corte do Sagrado Guardião de Todos os Registros, veríamos que o verdadeiro índice de "divórcio" excede de longe os 50%.

Penso que deveriam ser feitas duas perguntas obrigatórias àqueles que estão planejando se casar: "O que fará seu casamento não apenas durar, mas ser satisfatório e recompensador para os dois? Qual seu plano para não cair no vácuo do divórcio e do desespero?"

O voto de permanecer juntos a vida toda é uma promessa vazia, a menos que os outros votos, que conduzem a ele, tenham um verdadeiro sentido para você. Ficar sentado no sofá para ver televisão não colabora para um casamento sólido. Pode fazer um casamento durar, mas os longos casamentos não são necessariamente felizes. Quando as pessoas dizem que são casadas há muito tempo, sempre tomo cuidado para não achar que sei o que significa a longevidade do casamento. Talvez eu esteja olhando para um casal maduro e sólido, que encontrou um modo verdadeiro de amar, honrar e respeitar um ao outro. Talvez esteja tendo o privilégio de ver um casal que escolheu estar presente e crescer. Talvez esteja diante de um casal que merece o título de Mártires do Século.

Conheço uma mulher que tentou por todos os meios não mentir diante do altar, ao dizer que ficaria casada até a morte. "Fui criada com a idéia de que você vai para a faculdade e depois encontra um marido e se casa", disse Coralee, uma negociante de arte de 38 anos. "Quando estava na faculdade, me apaixonei por um bom homem. Mas, ao mesmo tempo, eu estava começando a descobrir o que realmente queria na vida e, ao me formar, sabia que não estava preparada para o casamento. Infelizmente, o universo estava – meu namorado, a família dele, minha família, nossos amigos. Todos, menos eu. Dizia às pessoas que não estava pronta, mas elas replicavam: 'Entendo o que você diz, mas é só medo'. Eu estava sendo levada pela correnteza e não sabia como fugir dela. Meu noivo e eu procuramos nosso pastor para um aconselhamento pré-conjugal. Eu disse ao pastor, logo de cara: 'Não me incomodo com todo o cerimonial, mas o senhor tem de tirar a fala: Até que a morte nos separe, pois não vou me colocar diante de Deus e fazer uma promessa que não tenho certeza de poder cumprir'."

Se Coralee achava que aquelas palavras interromperiam o casamento, estava enganada. "Todos, incluindo meu noivo e nosso pastor, acharam minha atitude bonitinha – Coralee sendo ela mesma, honesta e franca", ela me contou. "Por isso segui o caminho da menor resistência, e nós nos casamos. Ele era um homem bom, mas não tínhamos nada em comum. Nossas metas na vida seguiam direções totalmente opostas. Alguns anos depois, percebi que, vivendo uma mentira, eu não estava sendo justa com ele, porque ele queria filhos e eu não." Ela compreendeu que fizera aquilo para satisfazer as necessidades de todos, menos as dela.

No quinto aniversário de casamento, quando seu marido propôs um brinde "ao ano seguinte", Coralee lhe disse, com tristeza, que não haveria o ano seguinte. Foi assim que ela honrou o marido e a si própria.

Outra mulher me contou que, pouco antes de se dirigir ao altar, seu pai lhe disse: "Lembre-se, você é católica. Como católica, você pode beber, fumar, dançar, jogar. Não é toda religião que permite fazer essas coisas. Mas você *não pode* se divorciar. Entendeu?" Ela entendia. E também entendeu quando se divorciou aos 39 anos e o pai lhe disse, com desgosto: "E pensar que você era a *boazinha*". De qualquer forma, foi bom para ela descobrir que o pai preferia que permanecesse em um casamento sem amor até morrer.

Mesmo os bons casamentos têm dias ruins, e às vezes anos ruins. Períodos de conflito, tédio, estresse e dificuldade podem afligir, e de fato afligem, todo casal. Isso não é necessariamente uma coisa ruim. É algo que acontece no decorrer da vida a dois. A pergunta é: Como você lida com isso? O que isso significa para você?

O retorno da fantasia

Quando você está no altar, olhando tudo com otimismo e alegria no coração, seu futuro se estende à sua frente como um lindo tapete vermelho adornado de pétalas de rosa. Quem não desejaria um destino assim? Até a morte? Todos, com certeza! Esse é o momento em que a mentira é tão sedutora, tão romântica, tão poderosa, que leva você no embalo. Após sete, dez ou vinte anos de estrada, as pétalas de rosa já murcharam, e sua reação pode ser: "Você espera que eu faça isso até *morrer*?"

Quando o filme *As pontes de Madison* foi lançado, lembro que, ao vê-lo, pensei: "Vou ter trabalho para sempre". O filme criou muito anseio nas mulheres, seduziu-as para que saíssem da rotina de sua vida, enchendo-lhes o coração com o potencial para o amor verdadeiro e espontâneo. Um misterioso, bonito, *sexy* e sensível estranho aparece do nada, e elas se apaixonam por ele. Ele diz as palavras que o marido delas já não dizia mais, reacende a paixão que havia morrido, ou talvez nunca tivesse nascido, e expressa uma adoração que parece uma lembrança distante. Na tela, tudo é muito bonito. Mas não me engano. Esses filmes apelam realmente para uma parte jovem, primitiva e imatura em todos nós. Isso não significa que uma paixão profunda não seja possível, mas apenas que ela é criada de verdade somente dentro do contexto de um relacionamento com compromisso. Nós quase não temos imagens desse tipo de amor e paixão, por isso ficamos presos a nossos anseios insatisfeitos, gerados por filmes e canções românticas que nos fazem desejar mais a ilusão e menos aquilo que poderíamos ter de verdade se o cultivássemos.

Na história, um estranho rude, porém inteligente – um fotógrafo itinerante que fotografa pontes cobertas –, aparece na porta de uma dona de casa que mora no campo e vive cansada do mundo. Ele desperta nela uma paixão intensa, adormecida há anos. Ela acorda e se sente viva novamente. É uma fantasia maravilhosa, mas não é real. Sejamos realistas: homens sensíveis e parecidos com Clint Eastwood não ficam por aí, passeando pelo campo, batendo à porta das casas em busca de sua alma gêmea. O real na vida daquela mulher eram seu casamento com um homem que se acomodara com a vida conjugal e o amor que ela tinha pelos filhos. Embora existisse amor verdadeiro entre marido e mulher, havia uma zona morta no casamento. O caso com o fotógrafo foi uma revelação chocante, mas era também uma ilusão, e não uma solução.

A fantasia acontece. Ela retorna para nos pegar desprevenidos quando estamos cansados, vulneráveis ou solitários. A prima de uma amiga minha ficou maravilhada com um homem que conheceu numa viagem de férias a uma ilha exótica. Seu ano havia sido particularmente difícil, e ela precisava muito de uma viagem para aliviar o peso de sua vida. Embora soubesse pouco acerca daquele homem, apaixonou-se por ele. Acreditava que ele era O Homem, o grande amor que procurara a vida toda. Ele era tudo com que ela sonhava: alto, bonito, gentil, charmoso e um cirurgião bem-sucedido. Dali a alguns meses, os dois se casaram. Quando ele disse que planejava abrir uma clínica para tratar de crianças com traumas de guerra, o coração dela se encheu de amor por ele. Que homem bom e altruísta! Ela lhe disse que se sentiria honrada em investir suas economias no novo consultório. Acreditava nele e queria apoiar seus sonhos.

Depois de quase um ano de casados, seu lindo marido cirurgião lhe deu um beijo de despedida, certa manhã, e saiu para o trabalho. Nunca voltou. Mais tarde, ela descobriu que ele não era o que dizia ser. Não era cirurgião. Era um trapaceiro e ex-presidiário, com uma ficha criminal enorme, e cujo *modus operandi* era seduzir mulheres solitárias e desposá-las, para depois lhes roubar as economias. Ele a deixou com o coração partido, humilhada e financeiramente arrasada.

Minha amiga me explicou como sua prima era vulnerável: o trapaceiro havia mirado aquela vulnerabilidade e acertado com a precisão de um *laser*. Os manipuladores, os sedentos de poder, os indivíduos que não têm o menor escrúpulo ou consciência farejam de longe uma boa vítima. Eles jogam ao mar suas linhas de pesca predatória. Uma vítima morde a isca, enquanto uma pessoa mais esperta a ignora ou devolve a mordida, dizendo: "Não caio no seu jogo". Achei que essa mulher aprenderia com a experiência e ficaria mais esperta, mas aquilo foi uma luta para ela. Quando minha amiga a desafiou, dizendo: "Você ainda está apaixonada por ele, não está?", ela respondeu, imediatamente: "Sim". Em seguida, justificou a resposta: "Quero dizer, estou apaixonada pelo homem com quem me casei".

"Ah!", pensei. "É isso!" O homem com que ela se casara não existia. Nunca existiu. Era um mito. Ela estava apaixonada por uma fantasia, e era terrivelmente difícil abandonar o sonho de como ele seria e da vida que ela imaginara com ele.

Dois anos se passaram até que a prima de minha amiga fosse capaz de dizer o nome de seu traidor sem engasgar. Somente depois de ter conversado com outras três mulheres, antigas "esposas" do trapaceiro, foi que ela conseguiu tocar o barco. E, mesmo assim, não se conformava com o tamanho da mentira – de que um homem pudesse se colocar diante do altar, ao lado dela, sem jamais pretender cumprir a promessa de amá-la até a morte. Ela foi a triste testemunha do fato de que um casamento fundamentado numa mentira não pode dar certo.

Tive recentemente a mesma discussão com uma prima minha que estava sofrendo pela perda de uma ilusão – e não pela perda de uma pessoa real. O homem com quem se envolvera tinha um comportamento tão desavergonhado que não existia uma pessoa real para amar. Minha prima me disse: "Bem, pelo menos tivemos alguns bons momentos juntos". Então comentei: "Sim, os escravos às vezes eram bem tratados por seus donos, mas nem por isso eram menos escravos. A natureza da escravidão significava que a base do relacionamento era sempre destrutiva. Não se deixe enganar por alguns bons momentos. Se você pesá-los na balança junto com os maus momentos, eles perdem de longe".

Mesmo que você morra por causa disso?

A cada quinze segundos, uma mulher apanha do parceiro ou marido no Brasil. De acordo com as estatísticas, uma em cada três mulheres sofre, pelo menos uma vez na vida, um ataque físico de seu companheiro íntimo.

Se, em seu relacionamento, você sofre algum abuso físico, faça a si mesma esta pergunta: "Quando prometi 'até a morte', será que pensava mesmo em morrer por causa disso?" E se, em seu relacionamento, há abuso emocional e verbal, pergunte: "Quando prometi 'até a morte', será que pensava 'até meu espírito e minha alma morrerem'?"

O amor não espanca. O amor não humilha. O amor não manda você para o pronto-socorro. O amor não faz você se encolher num canto, chorando até não poder mais. O amor não mata você de medo. O amor não faz você desejar morrer. Se você acredita no contrário, está vivendo uma mentira.

O amor é gentil, bondoso, e ele não faz uma lista de más ações. O amor perdoa, se arrepende, mostra remorso, muda de direção quando descobre que estava indo por um caminho errado. O amor é afirmativo e dá espaço para as diferenças. A segurança e a honra são seu sustento, o senso de vivacidade é seu dom.

Falo agora principalmente das mulheres, porque, embora a violência contra homens também ocorra, é uma fração minúscula em comparação com o que as mulheres sofrem. Muitas pessoas não entendem por que uma mulher insiste em continuar em um casamento ou relacionamento abusivo. A pergunta real aqui é: Por que uma mulher começa um relacionamento com um homem que abusa dela? O solo tem de ser fértil para o abuso criar raiz. Um homem abusador não encontra lugar, muito menos chega ao altar, ao lado de uma mulher forte e segura de si e do que quer – uma mulher que verdadeiramente se ama e cuida de si. Só uma mulher assustada, com baixa auto-estima, acredita nas mentiras que um abusador usa para justificar seu comportamento. Ele diz a ela que sua raiva explosiva é profunda paixão, que não ficaria tão bravo com ela se não a amasse tanto, que nunca conheceu uma mulher que mexesse tanto com ele como ela, que a ama tanto que fica louco de ciúme: "Eu bato em você porque a amo demais".

Um homem pode entrar em sua vida e se comportar de modo lastimável. Se você se valoriza, vai pensar: "Esse cara é um problema". Mas, quando você o deixa se sentar à sua mesa, dormir em sua cama, morar em sua casa e fazer as refeições com você, é um sinal de que seu amor-próprio está seriamente comprometido. Talvez você tenha crescido ouvindo as pessoas dizerem que você não era grande coisa, que não era muito bonita, que ninguém ia querê-la ou amá-la, por isso não acha que merece algo melhor.

Uma mulher que vivia com o namorado que quase a havia matado me explicou por que o aceitou de volta: "Eu o amo demais para deixá-lo ir embora. E acho que ele me ama também, embora não demonstre isso do jeito certo". Ela também confessou: "Eu o amo mais do que a mim mesma".

Eu lhe disse a verdade: "Você não ama esse homem. Isso apenas parece amor, porque você não sabe quem você é sem ele. É por isso que os abusadores penetram a vida de uma pessoa. Eles a convencem de que ela precisa deles e chamam isso de amor. Se você continuar sustentando essa fantasia e vivendo essa mentira, isso ainda lhe custará a vida".

Se você está casada com um abusador e permanece no casamento por medo de ir embora, ou porque alguma crença religiosa proíbe a quebra dos votos, ou por causa dos filhos (e como um relacionamento abusivo pode beneficiar a alma, o espírito ou a mente de uma criança?), você precisa saber de duas coisas: a primeira é que sua vida importa e pertence a você. E a segunda é que seu parceiro já quebrou os votos há muito tempo. O que você tem não é um casamento, é uma sentença de prisão – e a única pergunta aqui é se é uma prisão perpétua, sem chance de condicional, ou se é pena de morte. Seu parceiro é o carcereiro ou o carrasco?

Uma mulher que teve coragem de abandonar seu marido emocionalmente abusador desabafou comigo: "Por que foi tão ruim e me feriu tanto?" Ela se referia à separação, mas havia mais coisas por trás.

"Feriu tanto porque, muito tempo atrás, quando a dor começou, era só uma pontada", eu disse. "Você a aceitou e pensou: 'Eu posso conviver com isso'. Depois a dor piorou, mas você continuou aceitando e pensou: 'Até com isso eu posso conviver'. Então, quando o abuso se tornou quase insuportável, você pensou: 'O que não me mata me deixa mais forte'. Viu agora o que aconteceu? Foi um processo gradual. Você só partiu para a ação quando a coisa se tornou insuportável. É como descobrir que você tem câncer. Se ignorar os sintomas, ele cresce e mata."

Um dos objetivos da maturidade emocional, relacional e espiritual é adquirir a habilidade de se autoproteger, bem como de se fazer honrar pelos outros. A honra deve ser merecida. Você dá honra quando ela cabe, retira-a quando não cabe. Do contrário, você se torna cúmplice de uma mentira cada vez maior. Já esteve no velório de uma pessoa que você conhecia bem e sabia que não era boa para os outros, e, enquanto você ouvia os elogios, pensava: "Afinal, de quem estão falando?" Para ser saudável, você precisa dar ao abuso o nome certo: abuso.

Uma amiga minha muito próxima tem uma filha pequena que é fantástica. Um dia, quando os avós estavam cuidando dela, o avô lhe fez um comentário extremamente cruel. Depois, com lágrimas nos olhos, a menina contou à mãe o que ele havia dito e que a magoara tanto. Minha amiga lhe deu uma resposta brilhante. Ela explicou à filha que o avô fora mau, que a avó não deveria tê-lo deixado magoá-la, e que aquilo nunca mais aconteceria. Ela disse tudo isso na presença de seus pais, para deixar bem claro que a crueldade do pai e a inércia da mãe eram inaceitáveis e não seriam toleradas.

No dia seguinte, a garotinha foi triste para a escola. Como ela era uma criança extrovertida e falante, a professora lhe perguntou: "Stacey, por que está tão quietinha hoje?" Stacey contou o incidente, e a professora disse: "Bem, seu avô é velho. As pessoas idosas às vezes são rabugentas e resmungonas". Stacey respondeu: "Não, mamãe me disse que o que ele falou foi *cruel*, e que ele não poderia nunca mais falar comigo daquele jeito de novo". A professora compreendeu que a mãe de Stacey lhe ensinara uma lição valiosa: havia ensinado a filha a identificar um comportamento abusivo, qualquer que fosse a fonte, e que ela tinha o direito de se proteger de qualquer pessoa que tentasse machucá-la, inclusive seus avós.

Fiquei comovida com essa história, porque as mulheres, na maioria das vezes, não recebem mensagens claras quando são crianças a respeito de abuso mental, verbal ou físico, sendo, portanto, incapazes de reconhecê-lo e de se proteger. Aquela mulher compreendeu que a filha precisava de uma situação que servisse de referência e lhe deu um presente inestimável.

Transformando o fracasso

O dr. Harville Hendrix diz que os relacionamentos podem ser incubadores para o crescimento e a cura, se os deixarmos. Mesmo que seu casamento termine em divórcio, você pode se afastar da culpa e da mágoa e usar o que aprendeu de maneira positiva. Se você sair de um relacionamento, não deixe para trás as lições que aprendeu. Saindo ou ficando, aprenda a lição. A questão nunca tem a ver com ele ou com ela. Talvez ele seja um cretino, mas você o deixou ser um cretino ainda maior, vivendo com ele por vinte anos. Talvez ela seja negativa e preconceituosa, mas admita que você deixou essa negatividade permear sua vida. Se você não reconhecer sua parcela de responsabilidade, acabará repetindo o erro.

Talvez seu casamento não termine em divórcio, mas provoque um estado de desespero. Quero que você saiba que há uma terceira opção.

Um casal infeliz veio me procurar. Disseram: "O divórcio está fora de cogitação". Eu lhes respondi: "Continuar como vocês estão também está". Sou a favor do compromisso, mas não do sofrimento desnecessário. "Vocês precisam encontrar meios de ambos trazerem à tona algo diferente, que lhes permita crescer." Para eles, aquilo parecia uma idéia radical. Seu objetivo, ao me procurarem, era encontrar um meio de tolerar uma vida insatisfatória, então eles ficaram perplexos quando sugeri que encontrassem uma forma de ter um ótimo casamento.

Há um provérbio japonês que diz: "Quando a morte encontrar você, deseje que ela o encontre vivo". Se você vive, mas está espiritual e emocionalmente morto, que importa se ficou ali até o fim? Você quer a seguinte inscrição em sua lápide: "Agüentei até o fim"?

Quando você promete estar com alguém enquanto os dois viverem, está prometendo estar vivo no casamento. O contrário disso é um desperdício dos mais preciosos dons de Deus: a vida e o tempo.

9

De olhos bem abertos

> O MEDO AUMENTA NA ESCURIDÃO;
> SE VOCÊ ACHA QUE HÁ UM BICHO-PAPÃO POR PERTO,
> ACENDA A LUZ.
> – *Dorothy Thompson*

Quando trabalho com pessoas casadas, sempre pergunto: "Vocês falaram sobre isso antes do casamento?" Podemos falar de dinheiro, sexo, filhos, emprego, práticas e crenças espirituais, qualquer coisa. Com certeza, o problema que está nos afligindo nunca foi ponderado antes do casamento. Eu digo: "Já que nenhum dos dois lê pensamentos nem tem uma bola de cristal, como um sabia da atitude do outro?" Geralmente, eles encolhem os ombros, ficam meio sem graça, mas não sabem por que não fizeram a lição de casa. Penso que a explicação mais fácil seja a de que muitos casais temem que, se falarem de assuntos difíceis e controvertidos antes do casamento, tudo pode dar errado. Quando as pessoas estão apaixonadas e namorando, preferem realçar as semelhanças entre si, e não as diferenças potenciais. Por isso, ficam em silêncio e esperam o melhor.

A maioria das pessoas aprende a pensar na esperança como o oposto do medo, a pomba branca que as transportará para o futuro. Mas a esperança sem ação não é verdadeira, e a esperança afastada da ação cria frustração e desespero.

Prefiro o conceito mais sólido do filósofo George Santayana: "Aqueles que não se lembram do passado estão condenados a repeti-lo". Para aprender com as lições de ontem, você precisa perguntar continuamente o que funcionou em sua vida e o que não funcionou.

Convido você a se perguntar o que significa começar o casamento com os olhos abertos, usando as seguintes 276 perguntas como um caminho para a conversa de sua vida – refiro-me a uma conversa contínua, não a um bate-papo de uma noite. E, por favor, não diga que você não tem tempo para responder a essas perguntas. Cedo ou tarde você deverá pagar o pedágio do casamento, pois não há como passar pela ponte conjugal sem fazer isso.

Há um ditado na igreja que diz: "Todo mundo quer ir para o céu, mas ninguém quer morrer". Todo mundo quer uma herança, mas ninguém quer pagar os impostos. Esse é o mesmo anseio que todos trazem para o casamento. Todo mundo quer um ótimo casamento, mas poucas pessoas estão dispostas a fazer o que é preciso para construí-lo. Quando eu estava terminando meu relacionamento destrutivo, meu parceiro me disse: "Robin, quero que a gente dê certo juntos". Minha resposta foi: "E eu quero a paz no mundo, mas me pergunte o que estou fazendo para trazer paz ao mundo". O que quero dizer é o seguinte: aquilo que você planta é o que vai colher. Ou, se você quiser comer ensopado de frango, não ponha carne bovina na panela para depois perguntar: "Ué, cadê o frango?" O que você quer colher de seu casamento é o que deve semear, e precisa de um parceiro que tenha os mesmos objetivos, metas e valores-chave.

Não existe bola de cristal, aliás, você nem precisa de uma. O que você precisa é de coragem para fazer a si próprio e ao parceiro as perguntas difíceis e estar disposto a aceitar as respostas sinceras que surgirem com o processo. Descobrir o que é importante para seu bem-estar e o do parceiro é vital para construir uma fundação forte e resistente. Caso você tenha medo de que, se explorar certos assuntos, vai balançar o barco e fazer naufragar o relacionamento, então esse relacionamento não está equipado para suportar as tempestades da vida de casado.

Não comece a conversa em tom de confissão ou julgamento, e sim com sinceridade e abertura para o aprendizado. O propósito não é verificar se o parceiro satisfaz seus critérios nem fazer uma lista com as características dele. Insisto para que você olhe além do superficial e leve em conta as qualidades necessárias para agüentar o longo puxão. A curiosidade é um dom maravilhoso no casamento. Ela permite que o casal transforme uma atitude de acusação em uma indagação sobre o mundo do outro. A postura da curiosidade no casamento cria uma plataforma de onde surgem novas conversas e revela os tesouros a serem descobertos na unicidade do outro.

Se você já é casado, pode se surpreender ao descobrir algo novo de si e de seu cônjuge. Mesmo que você não esteja com ninguém no momento, este exercício é importante. Conhecer a si mesmo é um pré-requisito para um bom relacionamento. Eu chamo o exercício de Caixa de Ferramentas Sem Surpresa. Ao reduzir o elemento surpresa nas questões importantes, nos problemas do dia-a-dia e nas coisas que subestima, você estabelece suas fundações. Quando pára com o jogo de adivinhação e com a brincadeira do faz-de-conta, comprometendo-se com a verdade, você aumenta as chances de construir um casamento feliz e mutuamente satisfatório.

276 perguntas para fazer antes de casar

Trabalho

Reconheça que vivemos numa sociedade extremamente orientada pelo *status*, que dá ênfase ao casamento com uma pessoa cuja profissão é "certa". Quantas vezes você ouviu as pessoas se gabarem (ou talvez você já tenha se gabado) do parceiro, dizendo: "Ele é médico", ou "Ela é modelo", como se apenas o *status* bastasse para garantir um bom relacionamento. Infelizmente, você não ouve as pessoas se gabarem assim: "Ele é professor do jardim-de-infância", ou "Ela é assistente administrativa de uma organização sem fins lucrativos". Essa é uma parte do problema. Quando enfocamos o *status*, destruímos qualquer chance de viver uma vida autêntica com uma pessoa que partilha de nossos valores.

Estas são as perguntas que você precisa realmente responder:

1. Você trabalha na profissão que escolheu?
2. Quantas horas por dia você trabalha?
3. O que seu trabalho exige de você? (Por exemplo, fazer constantes viagens de negócios, trabalhar em casa, realizar tarefas perigosas.)
4. Qual é o emprego de seus sonhos?
5. Você já foi chamado de *workaholic* (viciado em trabalho)?
6. Qual é seu plano de aposentadoria? O que você pensa em fazer quando se aposentar?
7. Você já foi demitido?
8. Você já pediu demissão? Mudou muito de emprego?
9. Você considera seu trabalho uma carreira ou apenas um emprego?
10. Seu trabalho já foi fator de separação em um relacionamento?

Casa

Detalhes sobre onde e como você mora podem parecer secundários a questões mais urgentes. Isso é verdade, se você é jovem. Mas as perguntas acerca de seu ninho são essenciais. O lar é o lugar que o protege do mundo, e você precisa saber se sua casa será um santuário ou o olho de um furacão. Comece perguntando ao parceiro o seguinte:

11. Se você pudesse escolher qualquer lugar do mundo para morar, onde seria?
12. Você prefere ambientes urbanos, suburbanos ou rurais?
13. Você acha importante ter a própria casa, ou prefere um apartamento ou uma casa num condomínio, onde haverá uma empresa para cuidar da manutenção? Você é do tipo que faz tudo, ou prefere contratar uma equipe profissional? Você prefere limpar a casa ou ter uma empregada?
14. Você acha que sua casa é como um casulo, ou a porta está sempre aberta? De que você precisa para se sentir energizado e inspirado em casa?

15. O silêncio é importante em casa, ou você prefere ter música ou algum ruído de fundo a maior parte do tempo? É importante ter uma televisão no quarto? Na sala de estar? Na cozinha? Você gosta de dormir com a televisão ou o rádio ligado?
16. É importante você ter um espaço em casa que seja só seu?
17. Diferentes preferências quanto ao estilo de moradia já foram fatores de separação em um relacionamento?

Dinheiro

Como vimos no capítulo 6, dinheiro é um assunto delicado. Muitos casais param de conversar quando surge a questão "quanto...", supondo que o resto virá naturalmente. Mas as perguntas com relação ao dinheiro se infundem em todas as áreas de sua vida e aparecem quase diariamente. Eis algumas perguntas que você deve fazer:

18. Se você tivesse recursos ilimitados, como viveria?
19. É importante para você ganhar muito dinheiro?
20. Qual é sua renda mensal?
21. Você paga pensão?
22. Você acredita em acordos pré-nupciais? Em que circunstâncias?
23. Você acredita em estabelecer um orçamento familiar?
24. Você acha que cada um deve ter uma conta bancária separada, além de uma conta conjunta? Você acha que as contas a pagar devem ser divididas com base no valor que cada pessoa ganha?
25. Quem deve cuidar das finanças em sua família?
26. Você tem dívidas grandes?
27. Você joga?
28. Você trabalhava quando estava na escola? E antes?
29. Você já foi chamado de muquirana ou unha-de-fome?
30. Você acredita que certa quantia de dinheiro deve ser reservada para o lazer, mesmo que o orçamento esteja apertado?
31. Você já usou dinheiro para controlar um relacionamento? Alguém já tentou controlar você com dinheiro?
32. O dinheiro já foi fator de separação em um relacionamento?

Histórico dos relacionamentos

Quando os relacionamentos não dão certo, as pessoas pressupõem que é porque escolheram o parceiro errado. Algumas delas até começam o casamento com uma tranquilizadora saída não mencionada, pensando: "Se não der certo, eu me divorcio e tento de novo". Mas você precisa entender que todas as saídas de emergência de um relacionamento são falsas, pois não lhe permitem aprender a verdadeira lição, tão necessária para você criar um amor compensador e duradouro. Você deve se lembrar de que, na introdução deste livro, descrevi minha ferida de infância como o medo de ser insignificante e não existir. Carreguei essa ferida para meus relacionamentos adultos e encontrei meios de evitá-la, mas não olhei para ela até o homem com quem eu vivia me apagar e me substituir. Enfrentar aquela dolorosa realidade me permitiu acordar de um estado de coma. Os adultos maduros não vêem o modo apagar/substituir como opção viável para criar um amor duradouro. Pensar que você pode apagar uma pessoa de sua vida e substituí-la por outra, sem abordar os verdadeiros problemas, só levará a um contínuo fracasso. É importante saber se você ou seu parceiro têm essa tendência.

33. Você já se sentiu profundamente inseguro em algum relacionamento? Conseguiu dar nome ao medo?
34. Quando foi a primeira vez que você se apaixonou por alguém? O que aconteceu nesse relacionamento, e como você lidou com ele?
35. Qual foi o relacionamento mais longo que você já teve antes deste? Por que terminou, e que lição você aprendeu?
36. Você já foi casado? É divorciado ou viúvo? Como lidou com a perda ou a separação?
37. Se você está com alguém agora, a pessoa sabe de algum comportamento seu no passado do qual você não se orgulha?
38. Você acredita que os relacionamentos anteriores devem ficar no passado e não ser mencionados a seu parceiro atual?

39. Você costuma julgar o parceiro atual de acordo com os relacionamentos passados?
40. Você já procurou aconselhamento matrimonial? O que aprendeu com a experiência?
41. Você tem filhos de casamentos anteriores ou de relacionamentos não-conjugais? Como você se dá com eles?
42. Você já foi noivo, mas não chegou a se casar?
43. Você já morou com alguém sem se casar? Por que viviam juntos sem se casar? O que sua experiência lhe ensinou sobre a importância do casamento e do compromisso?
44. Você tem medo de que a pessoa que você ama possa rejeitá-lo ou deixar de amá-lo?

Sexo

Houve uma época em que o principal motivo para as pessoas se casarem era fazer sexo sem culpa e ter filhos. Sexo sem casamento era tabu, e algumas culturas e religiões ainda seguem a admoestação bíblica de que "é melhor casar que se queimar" (no inferno, por se submeter aos desejos da carne). Eu me atrevo a dizer que há mais de uma maneira de se queimar. O desejo sexual é uma delas. Outra é se queimar com o desejo que vê e usa o corpo de outra pessoa como objeto. Esse tipo de queimadura destrói a qualidade sagrada da expressão da sexualidade no contexto de uma parceria comprometida e íntima.

A questão em torno do sexo é viver na verdade, assumir sua sexualidade. Se você quer ter vida sexual ativa, precisa compreender o que isso significa e aceitar a responsabilidade.

Homens e mulheres costumam assumir sua sexualidade de maneiras diferentes. Para os homens, trata-se de negar a importância do sexo e não ver o caráter sagrado do ato. Para as mulheres, é mais uma questão de ignorância e vergonha, de não se dar permissão de saber do que precisam e, então, comportar-se de acordo com isso. Em qualquer conversa com seu parceiro sobre as expectativas e medos de ambos, certifiquem-se de respeitar os limites um do outro. O objetivo destas perguntas não é descobrir cada detalhe do histórico sexual de cada um, e sim abrir um diálogo a respeito dos aspectos mais íntimos do relacionamento.

45. De que atividades sexuais você mais gosta? Há algum ato sexual específico que deixa você desconfortável? Seja objetivo! Este não é o momento de enrolar.
46. Você se sente à vontade no início do ato sexual? Por quê?
47. De que você precisa para entrar no clima?
48. Você já foi abusado ou atacado sexualmente?
49. Qual era a atitude com relação ao sexo em sua família? Falava-se no assunto? Quem lhe ensinou sobre sexo?
50. Você usa o sexo para se automedicar? Se alguma coisa o aborrece, você usa o sexo para tentar se sentir melhor?
51. Você já se sentiu forçado a fazer sexo para "preservar a paz"? Já forçou alguém ou já lhe disseram que forçou alguém a fazer sexo para "preservar a paz"?
52. A fidelidade sexual é uma necessidade absoluta em um bom casamento?
53. Você gosta de pornografia?
54. Com que freqüência você precisa de sexo ou espera ter relações sexuais?
55. Você já teve relação sexual com uma pessoa do mesmo sexo?
56. A insatisfação sexual já foi fator de separação em um relacionamento?

Saúde

Quando você pede informações sobre o histórico de saúde e os hábitos de seu parceiro, na verdade está perguntando: "Você estará bem para o que der e vier?" e "Você se compromete em ser o melhor que puder?" Muitos casais não prestam muita atenção na questão da saúde até terem filhos ou até um dos dois ficar doente. Mas os problemas de saúde que surgem indicam, basicamente, se você vive de acordo com suas feridas ou com um estado de bem-estar.

57. Como você descreveria o estado atual de sua saúde?
58. Você já teve alguma doença séria? Já passou por alguma cirurgia?
59. Você acredita que cuidar de si mesmo é uma responsabilidade sagrada? Você acredita que cuidar de sua saúde física e mental faz parte de seu compromisso de honrar os votos matrimoniais?
60. Há doenças genéticas em sua família, casos de câncer, problemas de coração ou doenças crônicas?
61. Você tem plano de saúde ou odontológico?
62. Você freqüenta alguma academia de ginástica? Quanto tempo passa nela?
63. Você pratica esportes ou faz exercícios regularmente?
64. Você já teve algum relacionamento física ou emocionalmente abusivo?
65. Você já sofreu de algum distúrbio alimentar?
66. Você já teve um acidente sério?
67. Você toma remédios?
68. Você já teve alguma doença transmitida sexualmente?
69. Já foi diagnosticado com algum distúrbio mental?
70. Faz terapia?
71. Você fuma ou já fumou?
72. Você se considera ou já foi viciado em alguma coisa? Já lhe disseram que você tem um problema de vício, e você não concordou?
73. Quanto álcool você bebe por semana?
74. Você usa drogas?
75. Você tem algum problema médico que afeta sua vida sexual (por exemplo, disfunção erétil, ejaculação precoce, secura vaginal, vício em álcool/drogas etc.)?
76. Algum desses problemas de saúde já foi fator de separação em um relacionamento?

Aparência

No capítulo 1, vimos que a aparência do pacote não oferece informações suficientes para sabermos como é o conteúdo. Em uma cultura que dá grande valor à aparência física, a maioria das pessoas enfrenta sentimentos de inadequação ou tem medo de ser desvalorizada se perder a boa aparência. A confiança acaba facilmente quando uma das pessoas num relacionamento começa a se sentir sem atrativos ou quando os julgamentos acerca de peso ou idade começam a crescer de modo exagerado.

77. Até que ponto é importante para você ter sempre uma ótima aparência?
78. Até que ponto é importante a aparência de seu cônjuge? Você tem preferência por um tipo físico específico?
79. Você faz algum tratamento estético regularmente?
80. O controle do peso é importante para você? O peso de seu cônjuge é importante para você? Qual seria sua reação se ele ganhasse muito peso?
81. Quanto dinheiro você gasta em roupas por ano?
82. Você se preocupa com sua idade? Tem medo de perder a boa aparência?
83. De que você gosta e de que desgosta em sua aparência?
84. Qual seria sua reação se seu cônjuge perdesse um membro? E no caso de um seio? Como você lidaria com essa perda?
85. Você sente que pode ter uma boa "química" com alguém que seja apenas moderadamente atraente, ou uma forte atração física é necessária? A atração física ou a "química" já foi fator de separação em um relacionamento?

Paternidade/maternidade

Embora este livro seja sobre casamento e relações íntimas, ter ou não filhos é uma questão importante em um relacionamento adulto, e há muitos casais "adultos" que querem filhos mesmo que as fundações de seu casamento estejam abaladas. Ser maduro implica reconhecer que boa parte do que você recria no casamento e na condição de pai ou mãe tem a ver com questões não resolvidas com seus pais e sua família. Se você é casado e ainda não tem filhos, dê a eles (quando nascerem) e a si mesmo o privilégio de uma fundação forte, antes de submetê-los ao caos de pais que não estão presentes nem cresceram.

86. Você quer filhos? Quando? Quantos? Você é incapaz de ter filhos?
87. Você se sentiria irrealizado se não fosse capaz de ter filhos?
88. Quem é responsável pelo controle de natalidade? O que você faria se ocorresse uma gravidez acidental antes do planejado?
89. O que você acha dos tratamentos para fertilidade? E da adoção? Você adotaria uma criança se fosse incapaz de ter filhos naturalmente?
90. O que você acha do aborto? O marido deve ter o mesmo direito na hora de decidir sobre um aborto? Você já fez um aborto?
91. Você já teve um bebê e depois o entregou para adoção?
92. Até que ponto é importante que seus filhos sejam criados perto dos parentes?
93. Você acredita que uma boa mãe deve alimentar o bebê no peito? Você acredita que uma boa mãe ou um bom pai devem ficar em casa com a criança nos primeiros seis meses de vida? No primeiro ano? Mais tempo?
94. Você acha certo dar umas palmadas numa criança? Em que tipo de disciplina você acredita (não deixar sair, mandar ficar no canto da parede, cortar privilégios etc.)?
95. Você acredita que as crianças têm direitos? Você acha que a opinião de uma criança deve ser considerada na tomada de decisões familiares e vitais, como mudança de endereço ou de escola?
96. Você acredita que as crianças devem ser criadas com alguma base religiosa ou espiritual?
97. Os meninos devem ser tratados do mesmo modo que as meninas? Devem ter as mesmas regras de conduta? Você deve ter a mesma expectativa quanto ao comportamento sexual de ambos?
98. Você incentivaria sua filha a tomar cuidado para não engravidar se descobrisse que ela é sexualmente ativa?

99. O que você faria se não gostasse dos amigos de seus filhos?
100. Em uma família mista, são os pais legítimos que devem tomar as decisões pelos próprios filhos?
101. Você faria vasectomia ou ligação de trompas? Você acha que a escolha é apenas sua ou o parceiro tem o direito de opinar?
102. As diferenças a respeito da concepção ou criação de filhos já foram fatores de separação em um relacionamento?

Parentes

Todos nós trazemos impressões de nossas histórias de família e levamos nossas feridas da infância à idade adulta. Conhecer intimamente outra pessoa envolve compreender os efeitos desse relacionamento mais primário.

103. Você é muito chegado a sua família?
104. Você está afastado ou já se afastou de sua família?
105. Você tem dificuldade para impor limites na família?
106. Você já identificou as feridas da infância que talvez tenham sabotado seus relacionamentos no passado – o medo profundamente enraizado que levou você à fuga? Como você foi ferido em sua família, e quem o feriu?
107. Até que ponto é importante que você e seu parceiro se dêem bem com a família um do outro?
108. Como seus pais resolviam conflitos quando você era criança? Sua família costuma guardar ressentimentos por muito tempo?
109. Quanta influência seus pais ainda exercem em suas decisões?
110. As questões familiares não resolvidas ou ainda presentes já foram fatores de separação em um relacionamento?

Amigos

Quando éramos crianças, nossos amigos eram nossa primeira experiência na formação de nossa identidade independente. Diferentemente dos membros da família, os amigos são pessoas que nós escolhemos para com elas nos relacionar e que nos escolheram para se relacionar conosco. Nós os vemos, pelo menos idealmente, como pessoas que nos admiram e gostam de nós como somos. As boas amizades não são ameaçadoras – temos permissão de ser honestos, sem medo das conseqüências, e há a expectativa de responsabilidade mútua. Embora as amizades íntimas sejam uma dádiva, muitos casais recém-casados lutam contra a imposição desses indivíduos essenciais em sua vida de casados. É importante conversar sobre a posição dos amigos à mesa do casamento.

111. Você tem um "melhor amigo"?
112. Você se encontra com um amigo íntimo pelo menos uma vez por semana?
113. Suas amizades são tão importantes quanto seu parceiro?
114. Quando seus amigos precisam de você, você os ajuda?
115. É importante que seu parceiro aceite seus amigos?
116. É importante que você e seu parceiro tenham amigos comuns?
117. Você tem dificuldade em impor limites aos amigos?
118. Algum parceiro já foi responsável por você perder uma amizade? Algum amigo já foi fator de separação em um relacionamento?

Animais de estimação

Para uma pessoa que ama os animais (como eu), esse relacionamento especial é como qualquer outro. A vulnerabilidade e a aceitação incondicional de um animalzinho de estimação são as mesmas de uma criança pequena. Na verdade, muitos de nós chamamos a nós mesmos de "mamãe" ou "papai" quando falamos com nossos animais. Eles nos dão consolo quando estamos tristes, companhia quando nos sentimos sozinhos, e pura alegria e amizade quando queremos correr com a bola e brincar descontraídos. Eles podem nos ensinar a ser responsáveis, compassivos e atenciosos, e iluminam nosso dia. Isso é uma coisa que as pessoas que não são fãs de animais podem ter dificuldade de entender. Você não consegue convencer a gostar de animais alguém que não gosta – embora, às vezes, as pessoas aprendam a amar o animalzinho de seu parceiro. Independentemente das circunstâncias, esse assunto deve ser explorado logo cedo.

Poucas pessoas que conheço amam os animais como eu amo, e compreendo isso totalmente. Mas, para mim, aqueles a que a Bíblia se refere como "os pequeninos" são muito importantes. Isso inclui animais e crianças, pessoas que vivem na pobreza e lutam para sobreviver, o garçom exausto em um restaurante, a faxineira em um hotel, uma pessoa com problemas mentais e os jovens com quem eu trabalho em um centro de detenção juvenil. Muito tempo atrás, tive um relacionamento com um homem que não só vivia criticando as pessoas menos favorecidas, mas também tratava mal minha cachorrinha. Às vezes, sem querer, ele pisava nas patas dela, fazendo-a ganir e levantar a patinha dolorida. Em vez de mostrar remorso ou preocupação, ele culpava o animal por estar perto, pois ela gostava dele e o seguia, ficando a seu lado. Aquele era um sinal claro de perigo no relacionamento. Não porque ele não gostava dela, mas porque a culpava por ser um animal normal, alegre. Sua incapacidade de mostrar remorso quando causava dor era sinal de um defeito profundo, que teria um forte impacto em nossa habilidade de criar um relacionamento saudável. Aquilo não me permitia sentir-me segura com ele e diminuía minha confiança de que ele fosse capaz de mostrar respeito por toda a criação, incluindo a mim. Respeitar toda a criação não significava que ele devia amar os animais ou minha cachorrinha em particular, mas devia respeitar o animalzinho como um membro valioso da criação e um tesouro meu, e devia se preocupar por tê-la machucado. Essa tendência a não mostrar remorso permeava a vida dele. A questão, portanto, não era o animal, mas o que havia dentro daquela pessoa.

119. Você ama os animais?
120. Você tem um cachorro, gato ou outro animal de estimação?
121. Sua atitude é "Ame-me, mas ame também meu cachorro (meu gato, meu porquinho gorducho)"?
122. Você foi fisicamente agressivo com um animal? Já feriu um animal deliberadamente?
123. Você acha que uma pessoa deve se desfazer de seu animal de estimação caso ele interfira no relacionamento?

124. Você considera os animais de estimação membros da família?
125. Você já teve ciúme do relacionamento de um parceiro com um animal de estimação?
126. Algum desacordo sobre animais de estimação já foi fator de separação em um relacionamento?

Política

Mesmo os parceiros mais íntimos podem ter atitudes diferentes em relação à ação social, aos direitos humanos, à importância da fé para garantir justiça para todas as pessoas, e aos ideais de cada um dos sexos. As pessoas costumam trivializar a política em filiação a partidos, mas há algo mais fundamental aí. A política é o modo como você vê o mundo e seu lugar nele. Inclui outras categorias de perguntas, mostradas abaixo, relacionadas a comunidade, caridade, militarismo, leis e mídia.

127. Você se considera liberal, moderado ou conservador, ou rejeita qualquer rótulo político? Qual era a atitude de sua família com relação ao envolvimento político e à ação social?
128. Você é filiado a algum partido político? Tem participação ativa?
129. Você votou nas últimas eleições para presidente, governador e prefeito?
130. Você acredita que duas pessoas com ideologias políticas diferentes podem ter um bom casamento?
131. Você acredita que o sistema político é parcial contra pessoas negras, pobres e minorias?
132. Por quais questões políticas você se interessa? (Por exemplo, igualdade, segurança nacional, privacidade, ambiente, orçamento, direitos das mulheres, direitos dos homossexuais, direitos humanos etc.)
133. A política já foi fator de separação em um relacionamento?

Comunidade

134. É importante para você estar envolvido em sua comunidade?

135. Você gosta de ter um relacionamento íntimo com seus vizinhos? Por exemplo, você daria a um vizinho uma chave extra de sua casa?
136. Você costuma participar dos projetos da comunidade?
137. Você acredita que um bom muro é o melhor vizinho?
138. Você já teve uma briga séria com um vizinho?
139. Você tem consideração por seus vizinhos? (Por exemplo, não escutar música em volume muito alto, não deixar o cachorro latir etc.)

Caridade

140. Até que ponto é importante para você contribuir com tempo ou dinheiro para obras de caridade?
141. Que tipo de instituição de caridade você gosta de apoiar? Quanto de sua renda anual você doa a obras de caridade?
142. Você acha que é responsabilidade dos que "têm" ajudar os que "não têm"?
143. As atitudes com relação a contribuições para obras de caridade já foram fatores de separação em um relacionamento?

Militarismo

144. Você já prestou serviço militar?
145. Seus pais ou outros parentes já prestaram serviço militar?
146. Você gostaria que seus filhos prestassem serviço militar?
147. Com relação à busca por mudanças no mundo, você se identifica mais com uma abordagem não-violenta ou com o uso da força e da ação militar?
148. O serviço militar ou as atitudes em relação a ele já foram fatores de separação em um relacionamento?

Leis

149. Você se considera uma pessoa que respeita as leis?
150. Você já cometeu um crime? Caso sim, que crime?
151. Você já foi preso? Caso sim, por quê?

152. Você já ficou na cadeia? Caso sim, por quê?
153. Você já esteve envolvido em algum processo legal? Caso sim, em que circunstâncias?
154. Você já foi vítima de um crime violento? Caso sim, descreva o que aconteceu.
155. Você acredita que é importante ser rigorosamente honesto ao pagar impostos?
156. Você já deixou de pagar pensão aos filhos? Caso sim, por quê?
157. Questões criminais ou legais já foram fatores de separação em algum relacionamento?

Mídia

158. Como você fica sabendo das notícias? (Por exemplo, noticiário na TV, rádio, jornais, revistas, Internet, amigos.)
159. Você acredita no que lê nos jornais e vê na TV, ou questiona de onde vêm as informações e o que está por trás delas?
160. Você consulta fontes com perspectivas diferentes?
161. As diferenças relacionadas à mídia já foram fatores de separação em um relacionamento?

Religião

Assim como a política, a religião não pode ser reduzida à filiação. Principalmente hoje, quando a religião se tornou uma questão complicada para a maioria das pessoas. Tenho um casal de amigos que preferiu não se envolver ativamente em uma religião formal. Ela, porém, fora criada no catolicismo, e ele era judeu, assim essas duas fortes influências históricas e familiares viviam aparecendo como convidadas inesperadas na vida dos dois. Eles achavam que haviam rejeitado as filiações religiosas de seus pais, mas, quando tiveram filhos, automaticamente se viram voltando atrás. Claro que isso criou um conflito sério na hora de decidir qual seria a influência religiosa da criança. Como não eram pessoas dogmáticas, encontraram um meio de dar à criança o privilégio de uma herança religiosa mista, mas nem todo casal consegue isso. Portanto, quando vocês conversarem sobre religião, vão além da filiação e descubram o que a religião significa para cada um de vocês.

162. Você acredita em Deus? O que isso significa para você?
163. Você segue alguma religião formal? Ela é uma parte importante de sua vida?
164. Quando você era mais jovem, sua família freqüentava uma igreja, sinagoga, templo ou mesquita?
165. Você segue atualmente alguma religião diferente daquela em que foi criado?
166. Você acredita em vida após a morte?
167. Sua religião impõe alguma restrição comportamental (alimentar, social, familiar, sexual) que afetaria o parceiro?
168. Você se considera uma pessoa religiosa ou espiritual?
169. Você participa de práticas espirituais fora da religião institucionalizada?
170. Até que ponto é importante seu parceiro ter as mesmas crenças religiosas que você?
171. Até que ponto é importante que sua religião influencie a criação de seus filhos?
172. A espiritualidade faz parte de sua vida e de suas práticas diárias?
173. A religião ou a prática espiritual já foram fatores de separação em um relacionamento?

Cultura

Nós não podemos fugir da cultura popular. Ela está a nossa volta, e sua influência é tão penetrante quanto o ar que respiramos. Algumas vezes, ela nos eleva e enriquece. Outras vezes, ela nos deprime a ponto de questionarmos nossas predisposições a respeito da inteligência e da alma humanas. As preferências individuais têm um papel importante em nossas atitudes em relação à cultura, e os parceiros podem viver felizes com suas diferenças. Conheço uma mulher que tem aulas de tango semanalmente, enquanto seu marido assiste a filmes de arte no cinema. Os dois estão contentes com seus interesses separados. Por outro lado, conheço pessoas cujas obsessões com a cultura popular se tornaram um fator de alienação em seus relacionamentos. As obsessões pessoais sempre criam barreiras para a intimidade. Essas considerações também envolvem as atitudes e os comportamentos que você tem em relação ao lazer.

Até que ponto você é forçado a parecer bom aos olhos dos outros? Você é seu próprio barômetro, ou fica se comparando com os familiares, amigos, ícones culturais ou astros de Hollywood? Que parte de sua vida tem raízes naquilo que você valoriza? De onde vêm seus valores?

174. A cultura popular tem uma influência importante em sua vida?
175. Você gasta seu tempo lendo, conversando ou assistindo a programas sobre a vida de atores, modelos, músicos e outras celebridades?
176. Você acha que a maioria das celebridades tem uma vida melhor que a sua? (A propósito, se as celebridades têm de fato uma vida melhor, é porque estão vivendo a vida delas, enquanto você apenas as *observa* viver. Você está desperdiçando a oportunidade e o dom de viver sua vida?)
177. Você costuma ir ao cinema, ou prefere alugar filmes e assistir em casa?
178. Qual é seu estilo de música favorito?
179. Você vai a *shows* de seus músicos preferidos?
180. Você gosta de ir a museus ou exposições de arte?
181. Você gosta de dançar?
182. Você gosta de assistir à televisão para se distrair?
183. As atitudes ou os comportamentos relacionados à cultura popular já foram fatores de separação em um relacionamento?

Lazer

184. O que é, para você, um dia divertido?
185. Você tem algum *hobby* que considera importante?
186. Você gosta de ver eventos esportivos ao vivo?

187. Há momentos em que outras atividades são proibidas por causa do futebol, vôlei, basquete ou outros esportes?
188. De quais atividades que não envolvem seu parceiro você gosta? É importante que ambos gostem das mesmas atividades de lazer?
189. Quanto dinheiro você gasta normalmente em lazer?
190. Você gosta de atividades que possam deixar seu parceiro pouco à vontade, como ir a um bar para beber, ir a clubes de *striptease*, praticar jogos de azar?
191. As questões ligadas ao lazer já foram fatores de separação em um relacionamento?

Vida social

Já vi casamentos acabarem por causa da impossibilidade de se chegar a um consenso, quando uma pessoa é sociável e a outra não. Questões aparentemente superficiais têm raízes mais profundas relacionadas ao modo como vemos a nós mesmos no mundo, ao que recebemos e ao que damos, e à maneira como nos sentimos ou não aceitos e respeitados pelos outros. Pode ser verdade que uma pessoa que necessita de freqüentes envolvimentos sociais esteja procurando uma confirmação constante de que é bem-vista pelo mundo. Por outro lado, alguém muito resistente aos acontecimentos sociais geralmente tem medo da rejeição. As pessoas sociáveis tendem a se aproximar das pessoas menos sociáveis, cada uma procurando na outra o que falta em si. A meta em um relacionamento adulto é alcançar um equilíbrio saudável e ter um envolvimento social com base na autoconfiança, encontrando ao mesmo tempo espaço para cuidar de si e do relacionamento com o outro.

As mesmas distinções também se aplicam às diferentes idéias sobre a comemoração de feriados ou ocasiões especiais e o planejamento de férias. Em um relacionamento adulto, deve haver colaboração para criar algo que, embora não seja perfeito, é aceitável e respeitoso para ambos os parceiros.

É nesse momento que você pratica a divisão de poder, que significa respeitar o fato de seu parceiro não ser a mesma pessoa que você e ter uma maneira diferente de encontrar alegria e prazer. Quando ouço alguém dizer que o parceiro não vai ao cinema porque "não gosto de filmes de ação" ou "não gosto de filmes de amor melosos", minha resposta é sempre a mesma: "E daí? Não importa o tipo de filme, e sim se você quer ou não ser generoso em seu relacionamento". Quando assumimos a posição de não fazer algo porque não é aquilo que mais apreciamos, estamos sendo egocêntricos, e isso estreita o caminho da intimidade. Vou lhe dizer a verdade a respeito dos bons casamentos: *As pessoas fazem coisas que não ajudam necessariamente seu barquinho a flutuar, mas que são boas para o relacionamento.* Isso se chama maturidade e leva a um casamento saudável e feliz.

192. Você gosta de receber pessoas em casa, ou tem medo de fazer algo errado e de que os convidados não se divirtam?
193. É importante para você freqüentar eventos sociais regularmente, ou a perspectiva de um evento raramente o atrai?
194. Você gosta de sair pelo menos uma vez por semana, ou prefere ficar em casa?
195. Seu trabalho exige que você cumpra funções sociais? Essas ocasiões são um peso ou um prazer? Você espera que seu cônjuge esteja presente, ou prefere que não?
196. Você se enturma mais com pessoas do trabalho ou da mesma etnia/raça/religião/classe sócio-econômica, ou com pessoas com características diferentes?
197. Você costuma ser "o destaque da festa", ou não gosta de ser o centro das atenções?
198. Você ou seu parceiro já entrou em alguma briga por causa do comportamento do outro em um evento social?
199. As diferenças quanto ao comportamento social já foram fatores de separação em um relacionamento?

Feriados e aniversários

200. Quais feriados você acredita que são os mais importantes de se comemorar (se é que há algum)?

201. Você segue alguma tradição familiar relacionada a certos feriados?
202. As comemorações de aniversário são importantes para você? E os aniversários de casamento?
203. As diferenças quanto à maneira de comemorar feriados/aniversários já foram fatores de separação em um relacionamento?

Viagens/férias

204. Você gosta de viajar, ou prefere ficar em casa?
205. Os passeios nas férias são uma parte importante de sua agenda anual?
206. Quanto de sua renda anual você reserva para despesas com férias e viagens?
207. Você tem algum lugar favorito para passar as férias? Você acha que é um desperdício de dinheiro fazer viagens longas nas férias?
208. Você acha importante ter um passaporte ou falar uma língua estrangeira?
209. Discussões sobre viagens e férias já foram fatores de separação em um relacionamento?

Educação

A educação é uma questão problemática em muitos relacionamentos. Nossas atitudes são tão internalizadas que talvez nem as percebamos. Entretanto, diferenças no nível de escolaridade e a importância dada à continuidade dos estudos aparecem quando ocorrem brigas de poder no relacionamento. Uma abertura para a aprendizagem pode ser uma pista da abertura de seu parceiro em outras áreas.

210. Qual é seu nível de escolaridade? Ele é fonte de orgulho ou de vergonha?
211. Você costuma fazer cursos de seu interesse, ou se matricula em programas de aprendizado avançado que ajudam em sua carreira ou profissão?

212. Você acha que pessoas formadas na faculdade são mais inteligentes que aquelas que não fizeram curso superior? As disparidades no nível de escolaridade já foram fontes de tensão para você num relacionamento ou acabaram com uma relação?
213. O que você acha de matricular as crianças numa escola particular? Você tem um limite de quanto quer gastar com mensalidades?
214. As prioridades educacionais já foram fatores de separação em um relacionamento?

Transporte

Vivemos numa sociedade em que os carros são símbolos de identidade e independência. Para muita gente, eles são um meio importante de afirmar seu espaço pessoal no mundo. Outras pessoas vêem o carro como um mal necessário. E você? E seu parceiro?

215. Você possui um carro? Já pensou na possibilidade de não ter carro?
216. O ano, a marca e o modelo de seu carro são importantes? Seu carro é o seu "castelo"?
217. Quando você escolhe um carro, leva em conta a economia de combustível e a proteção ao ambiente?
218. Se o transporte público for fácil e confiável, você prefere não ter carro?
219. Quanto tempo você passa cuidando de seu veículo? Você reluta em deixar outras pessoas dirigi-lo?
220. Quanto tempo você leva para ir de casa até o trabalho? Vai de ônibus, trem, carro ou carona?
221. Você se considera um bom motorista? Já foi multado por excesso de velocidade?
222. Carro e direção já foram fatores de separação em um relacionamento?

Comunicação

Duvido que, antes da invenção do telefone, as pessoas se sentiam ameaçadas por seus parceiros estarem "sempre escrevendo cartas". Hoje, com a disseminação dos telefones celulares e da Internet, é possível estar o tempo todo falando ao telefone, mandando *e-mails* ou se comunicando com alguém. É compreensível que isso cause conflitos nos relacionamentos, principalmente quando seu parceiro acredita que o telefone tocando é mais importante que o ser vivo na frente dele.

223. Quanto tempo você passa ao telefone todo dia?
224. Você tem celular?
225. Você participa de alguma sala de bate-papo na Internet? Passa muito tempo escrevendo *e-mails*?
226. Você tem um número de telefone que não consta na lista? Caso sim, por quê?
227. Você se considera uma pessoa comunicativa ou reservada?
228. Em que circunstâncias você *não* atenderia o telefone fixo nem o celular?
229. A comunicação moderna já foi fator de separação em um relacionamento?

Hora das refeições

Se o único propósito da comida fosse a nutrição, nós já teríamos inventado um meio de condensá-la em uma cápsula diária. Obviamente, ela significa muito mais que isso. O que comemos, quando comemos, onde comemos, com quem comemos e quanta importância damos a tudo isso são fatores relevantes.

230. Você gosta de fazer a maioria das refeições sentado à mesa, ou costuma comer de maneira agitada, no meio da correria?
231. Você adora cozinhar? Adora comer?
232. Quando você era criança, sua família considerava importante que todos estivessem presentes para o jantar?

233. Você segue uma dieta especial que limita sua escolha de alimentos? Você espera que, em sua casa, todos respeitem certas restrições alimentares?
234. Em sua família, a comida já foi usada como forma de suborno ou prova de amor?
235. Comer já foi motivo de vergonha para você?
236. Hábitos alimentares e a comida em si já foram fontes de tensão em um relacionamento? Já foram fatores de separação?

O papel dos sexos

Buscamos a qualidade em nossos relacionamentos, mas carregamos dentro de nós influências poderosas da infância, período em que aprendemos a imitar os papéis designados a cada sexo. Às vezes, nossas pressuposições a respeito de quem deve fazer o que são tão arraigadas que nem percebemos sua existência até começarem a se manifestar. O desafio para os casais hoje em dia é se livrar de modelos que não funcionam e investir nos que refletem suas crenças e seu compromisso. Os estereótipos masculinos e femininos são tão acentuados pela sociedade, família, religião e mídia que o desafio intencional aos falsos modelos ideais é um dos presentes mais importantes que você pode dar a si próprio e ao parceiro.

237. Existem tarefas domésticas que você acredita serem de domínio exclusivo do homem ou da mulher? Por que você pensa assim?
238. Você acredita que os casamentos são mais fortes se a mulher cede ao marido na maioria das questões? Você sente que precisa estar no controle, ou é melhor ser controlado?
239. Até que ponto a igualdade é importante num casamento? Defina o que significa "igualdade".
240. Você acredita que as funções em sua família deveriam ser cumpridas pela pessoa mais preparada para a tarefa, mesmo que isso seja incomum?

241. Como sua família via os papéis de meninas e meninos, homens e mulheres? Em sua família, qualquer pessoa podia fazer qualquer tarefa, desde que fosse bem-feita?
242. As diferentes idéias a respeito dos papéis sexuais já foram fonte de tensão ou separação em um relacionamento?

Raça, etnia e diferenças

A sociedade atual ainda está vivendo uma existência separada e desigual, no que se refere a raça e etnia, mas preferimos apertar o botão de "mudo" e não saber do impacto que isso exerce em nós, como povo. É extremamente importante explorar como esse ponto cego pode transparecer no relacionamento, entrando como um convidado inesperado e se sentando à mesa do casamento. Questões relacionadas a raça e etnia podem levar o casamento rapidamente ao ponto de ebulição, mas uma abordagem franca e honesta pode resultar numa compreensão mais profunda de si mesmo e do parceiro, aumentando o nível de intimidade.

243. O que você aprendeu sobre diferenças raciais e étnicas quando era criança?
244. Quais dessas crenças da infância você ainda carrega, e quais já abandonou?
245. Seu ambiente de trabalho se parece mais com as Nações Unidas ou com um espelho de você mesmo? E sua vida pessoal?
246. Como você se sentiria se seu filho ou filha namorasse uma pessoa de raça ou etnia diferente, ou então uma pessoa do mesmo sexo? Como você se sentiria se ele ou ela se casasse com essa pessoa?
247. Você é consciente de seus preconceitos raciais e étnicos? Quais são eles? De onde vieram? (Nós não nascemos preconceituosos, mas aprendemos a ser assim, e é importante localizar onde aprendemos.)
248. Raça, etnia e diferenças já foram fonte de tensão e estresse para você em um relacionamento?

249. Como sua família enxerga essa questão de raça, etnia e diferença?
250. É importante que seu parceiro partilhe de sua visão quanto a raça, etnia e diferença?
251. Idéias distintas a respeito de raça, etnia e diferença já foram fatores de separação em um relacionamento?

O dia-a-dia

Como diz o ditado, a vida acontece enquanto você está ocupado fazendo outras coisas. Os casamentos são construídos ou desfeitos com base nas interações diárias. Estas são perguntas pequenas, mas com grande impacto.

252. Você se considera uma pessoa diurna ou noturna?
253. Você critica as pessoas que têm um relógio biológico para acordar e dormir diferente do seu?
254. Você é uma pessoa fisicamente afetuosa?
255. Qual é sua estação do ano favorita?
256. Quando você discorda de seu parceiro, costuma brigar ou se recolher?
257. O que você considera uma divisão justa de trabalho em casa?
258. Você se considera uma pessoa despreocupada ou se sente melhor com um plano de ação firme?
259. De quantas horas de sono você precisa?
260. Você gosta de tomar banho logo cedo e usar roupas limpas todos os dias, inclusive nos fins de semana e nas férias?
261. O que você considera um relaxamento perfeito?
262. O que deixa você muito zangado? E o que você faz quando está assim?
263. O que deixa você muito feliz? E o que faz quando está assim?
264. O que deixa você inseguro? Como você lida com suas inseguranças?
265. O que deixa você seguro?
266. Você luta limpo? Como sabe?
267. Como você comemora quando uma coisa muito boa acontece?

268. Qual é sua maior limitação?
269. Qual é sua maior força?
270. O que mais atrapalha sua tentativa de construir um casamento apaixonado e amoroso?
271. O que você precisa fazer hoje para tornar o casamento de seus sonhos uma realidade?
272. O que lhe dá mais medo?
273. O que suga sua alegria e sua paixão?
274. O que reabastece sua mente, seu corpo e seu espírito?
275. O que faz seu coração sorrir em tempos difíceis?
276. O que faz você se sentir mais vivo?

Conversas sobre essas questões devem ocorrer, claro, antes do casamento, mas também são diálogos para uma vida toda. Você deve reexaminá-las durante a caminhada juntos, ou quando estiver enfrentando um problema específico no casamento. Leve essa discussão a um outro nível para resolver os velhos rancores. Continue reescrevendo seus roteiros para que sua vida seja sua de fato.

Adote a regra "sem surpresa". Você não pode se preparar para tudo, mas pode quebrar o silêncio que debilitou as gerações passadas de tantos casais. Lembre-se de que é mentira achar que o melhor é esperar até mais tarde – depois do casamento, depois do primeiro ano de casados, depois que as crianças nascerem, depois que elas crescerem, depois da aposentadoria – para descobrir quem você é realmente. Se você ficar esperando, a vida o deixará para trás.

Tome coragem hoje e comece a discussão. Não sufoque o parceiro nem a si próprio. Aqui começa a fundação de uma união satisfatória e amorosa, que durará a vida toda. Essas perguntas são apenas um guia. Use-as como trampolim e acrescente algumas que sejam importantes para seu coração, sua mente e seu espírito.

10

Como fazer votos e vivê-los

> O AMOR CONSISTE NISTO:
> DUAS SOLIDÕES QUE SE PROTEGEM,
> SE TOCAM E SE CUMPRIMENTAM.
> – *Rainer Maria Rilke*

O dia de seu casamento está chegando. Você já escolheu o lugar: uma mansão histórica que precisou ser reservada dois anos antes. Os convites, com os quais você passou horas se preocupando, foram enviados semanas atrás. O cardápio foi escolhido: um jantar para duzentos entes queridos e amigos, com uma entrada de costeleta de primeira ou frutos do mar. A melhor banda já está contratada. A decoração já foi definida. As alianças foram compradas. O bolo foi encomendado – uma criação especial com cinco camadas decoradas com pérolas comestíveis e botões de hortênsias que custaram muito caro. O buquê e os arranjos de flores também já foram encomendados. O vestido de noiva exclusivo e os vestidos da dama de honra, das madrinhas e das meninas que vão entrar com flores foram comprados e ajeitados à perfeição. Fraques foram alugados para o noivo e os padrinhos. A limusine está reservada e pronta para partir. Os arranjos para a lua-de-mel estão finalizados e acertados. O chá-de-cozinha aconteceu quatro semanas atrás e foi um tremendo sucesso. Despedidas de solteiro e de solteira estão programadas. O grande evento será daqui a duas semanas.

O que mais falta fazer? Ah, sim, está na hora de pensar na cerimônia.

Conheço muitos casais que receberam um papel com seus votos pela primeira vez no ensaio do casamento, uma fórmula do tipo "repita comigo". Também já vi casais procurando no último minuto alguém para celebrar a cerimônia, porque nenhum dos dois pertencia a uma congregação ou igreja. Muita gente aceita o padre local como juiz de paz, pois ele já vem com o pacote. Esses casais conhecem na véspera da cerimônia o indivíduo que vai uni-los nos laços sagrados do matrimônio. Aliviados por haver alguém para cumprir esse papel, noivo e noiva parecem não se importar com o fato de estarem recebendo um serviço enlatado e um sermão pronto de um estranho que não sabe distingui-los de Adão e Eva.

Claro que muitas pessoas ficam tão felizes por se casar que não se importam que a cerimônia seja realizada por um juiz local, pelo clérigo do bairro, por um juiz de paz, ou até por um ministro que imita Elvis Presley numa capela de Las Vegas – desde que se casem. Algumas pessoas querem acrescentar um pouco de excentricidade e tempero, um pouco de *joie de vivre*, à cerimônia de casamento – tudo faz parte da diversão e não custa um braço ou uma perna.

Não existe um jeito certo ou errado de fazer uma cerimônia de casamento. No entanto, gostaria de mencionar a oportunidade que vocês terão de planejar uma cerimônia que reflita sua intenção, uma vez que tenham decidido estar presentes como adultos.

A indústria de planejadores de casamento não vai gostar que eu diga isso, mas penso que nós perdemos o coração e a alma do casamento quando enfatizamos tudo, menos o caráter sagrado dos votos matrimoniais. A cerimônia acaba ocupando um lugar secundário à grande festa que a seguirá. E nós estranhamos por que muitos casais entram em depressão pós-cerimônia, como se a festa fosse o fim, não o começo.

Talvez seja por isso que tantas noivas, e possivelmente alguns noivos, sofram de estresse pós-casamento. A queda é enorme. Todo o frenético planejamento e organização, todas as forças canalizadas e o dinheiro gasto, *toda aquela atenção*, e depois o quê? Bem, a lua-de-mel passou, no sentido literal e figurado. A realidade está de volta, bem diante de seu rosto, no cotidiano. Vocês dois são agora marido e mulher. Deixados a sós para começar a vida de casados, cheios de felicidade nupcial. Para onde foi toda a excitação, toda a magia? O que aconteceu? O que está acontecendo agora?

O que aconteceu é claro. Muitas pessoas perdem de vista a grandiosidade do ritual em si. É absurdo imaginar que você pode passar dois anos planejando uma cerimônia, dar pouca atenção ao casamento em si e depois acreditar que, por algum motivo mágico, tudo dará certo. Isso é uma mentira, uma fantasia: é o ladrão que vai sempre roubar sua felicidade. Convido você a dar intenção e significado a seu grande dia. Coloque seus votos no lugar devido, como ponto central da cerimônia, um prefácio significativo à vida que vocês querem viver juntos. Acredito que vocês *podem* ter tudo – a presença da elegância revestida do significado dos votos sob os quais viverão.

O ritual do casamento

Às vezes, tenho o privilégio de testemunhar alguns momentos lindos. Ajudei a realizar cerimônias de casamento de casais que queriam incluir palavras de vida em um casamento desperto. Recentemente, fui convidada para o casamento de uma amiga muito querida. Ela é uma mulher maravilhosa! Nós nos conhecemos desde a infância, nossos pais eram amigos, e vimos uma à outra se apaixonar e sofrer perdas. Ela havia esperado muitos anos até aparecer o homem "certo", alguém que valorizasse sua beleza, seu cérebro – ela é muito inteligente – e sua clareza espiritual. Casar-se com um homem medíocre não a satisfaria. Ela preferia viver sozinha a abrir mão de seus princípios. Foi uma jornada longa e árdua até ela construir um amor profundo e duradouro na vida. Embora a cerimônia do casamento incluísse os votos tradicionais, o que adorei foi a postura do pastor. Ele não disse apenas as palavras e pediu que o casal as repetisse. Pelo contrário, ele usou a oportunidade para pedir a toda a congregação uma conversa a respeito do significado dos votos. Embora eu fosse uma convidada, discretamente peguei uma caneta de minha bolsa e anotei algumas palavras do pastor no programa da cerimônia. "O casamento não tem a ver com manipulação e dominação", ele exortou, com a voz tranqüila. "Nem com escravidão, em que um serve o outro. Não. O casamento é uma aliança entre iguais. O casamento não é um acordo entre competidores. O casamento é um elo de amor, e há uma diferença enorme entre amor e desejo carnal." Admirei o modo como o pastor fez a cerimônia ressoar com seu verdadeiro significado. Ele deixou claro que o casamento envolve maturidade emocional e espiritual, seres adultos expressando a força de sua união.

Ao escolher aquele homem para celebrar a cerimônia, o casal mostrou que estava entrando no casamento com sabedoria e maturidade. Foi uma experiência deliciosa – uma cerimônia tradicional, com os votos tradicionais incorporando e iluminando a verdade do "sim" da noiva e do noivo. Quando fui embora, depois da recepção, sabia que havia assistido a uma coisa real. Naquele dia, fui abençoada por ver amor, verdade, compromisso, paixão, alegria e devoção em seu mais real estado. Não havia a ilusão da busca pela perfeição matrimonial ou conjugal. Não era necessário, porque a realidade era muito mais bonita e inebriante que qualquer cerimônia fantasiada. Para mim, foi uma mudança e um desafio testemunhar aquele alto nível de presença e crescimento. Creio que é isso que a maioria das pessoas quer quando diz "sim". Elas simplesmente não têm idéia de como defini-lo ou como encontrar a trilha que as leve lá. E minha amiga fez tudo. Uma cerimônia cheia de significado, amor, alegria e responsabilidade, seguida de uma fabulosa recepção, com uma vista linda para um lugar com água, barcos, pessoas passeando, além de uma comida deliciosa. O sol brilhava plenamente na celebração de amor dos dois.

Um ritual deve tocar nossa parte mais profunda, despertar nosso senso de deslumbramento e admiração pelos poderes superiores que regem nossas crenças mais primordiais. Comparecer diante de nossa família e amigos e prometer amor, honra e respeito pelo outro não é um momento banal.

Os votos

Você decidiu escrever pessoalmente seus votos, porque quer que eles tenham um significado pessoal e especial. Por onde começar? Você procura na Internet e descobre centenas de *sites* – um baú do tesouro cheio de poemas românticos, pensamentos sentimentais, citações das escrituras, comoventes letras de música e fórmulas para preencher as lacunas. Você junta tudo, escolhe aquilo que lhe traz lágrimas aos olhos – as magníficas promessas para uma vida toda – e diz: "Ah, querido, é tão lindo!" Agora, você se regozija na terra do amor eterno. Apega-se à letra de "sua" canção, como se ela deixasse você flutuando por todos os dias de sua vida.

A pergunta que você deve fazer a si mesmo é se está dando algum significado a seus votos apenas pela substituição das frases mais tradicionais por um poema escolhido, idéias sentimentais ou letras de música.

Muitos casais escrevem votos personalizados do mesmo modo como escolhem um buquê personalizado ou um bolo feito sob encomenda. Esses votos pessoais escolhidos podem ser bonitos e fazer noivo e noiva se sentirem bem no dia especial, mas logo são esquecidos, pois são tão efêmeros quanto o chantili. Seis meses depois, um dos dois vai se virar para o outro e perguntar: "Escute, você não prometeu que sempre iluminaria minha vida com um sorriso?"

Conduzi um pequeno experimento, perguntando às pessoas se elas haviam escrito pessoalmente os votos. A maioria disse que sim. Perguntei, então, se elas se lembravam deles, e quase todas admitiram que não, inclusive uma pessoa que estava casada havia menos de dois anos. As palavras, ainda que bem escolhidas, não tinham deixado marca. Isso só aconteceu porque o foco estava nos detalhes da cerimônia, e não no compromisso sagrado sendo feito entre os dois.

Os votos de casamento são o ponto central de uma intenção ritualizada. A intenção é partir juntos numa viagem que durará o tempo de uma vida – pegar as palavras ditas como votos no ritual e torná-las vivas a cada dia. Neste livro, estou usando frases tradicionais como modelo. Mas é o sentido por trás das palavras e frases que realmente importa.

Comece revendo o trabalho que já realizou enquanto lia este livro. Dê mais uma olhada em todos os exercícios que já fez. Suas respostas são seu material de construção para o futuro. São sua verdade.

Sua tarefa é escolher os pensamentos que refletem essa verdade. (Quando você estiver escrevendo os votos de casamento, deve saber que ainda tem a mesma verdade, a mesma visão e o mesmo propósito.) Os votos que você pronuncia são a manifestação pública de uma promessa particular. Parte dessa tarefa é descobrir como fazer com que seus votos signifiquem algo tão profundo para vocês dois que sempre soarão verdadeiros e ganharão vida enquanto vocês estiverem ocupados com o dia-a-dia real. E você deve usar esses votos como uma âncora quando seu navio conjugal estiver à deriva.

O casamento é uma instituição humana que nos convida a aceitar nossa humanidade enquanto nos empenhamos em transformar suas limitações. Nesse espírito, deixe-me sugerir que seus votos incluam quatro elementos:

1. **Votos intencionais afirmam verdades suas.** Essas são suas crenças e compromissos essenciais, fundamentados na realidade.
2. **Votos intencionais refletem a aceitação da individualidade e das necessidades suas e de seu parceiro.** Essa é sua promessa de ver o outro como ele é, de realizar atos de amor, de se abrir e de apoiar o que há de melhor em seu parceiro.
3. **Votos intencionais reconhecem as dificuldades e as possibilidades da vida.** Essa é a promessa de vocês se ajudarem mutuamente a se levantar quando houver uma queda, a responsabilizar um ao outro com respeito, dignidade e compaixão, e a sempre procurar na vida as oportunidades de consertar o que está quebrado.
4. **Votos intencionais acolhem o mundo a sua volta.** Esse é seu compromisso de dividir seu coração com a família, os amigos e a comunidade maior.

Os votos intencionais reforçam seus valores essenciais com palavras vivas. O que quero dizer com "palavras vivas"? Refiro-me a palavras que você pode aplicar à realidade. Por exemplo, se você diz: "Eu o amarei por toda a eternidade", isso parece lindo, mas não é uma promessa que você pode cumprir.

Veja alguns exemplos de votos vivos:

Eu prometo...
- ✓ Procurar a verdade quando for tentado por mentiras.
- ✓ Permanecer presente quando quiser me afastar.
- ✓ Escolher a compaixão, mesmo que a raiva pareça mais fácil.
- ✓ Acolher suas necessidades e me importar com elas como se fossem minhas.
- ✓ Dividir meu coração com aqueles que você ama.
- ✓ Importar-me com sua família, porque você se importa.
- ✓ Cuidar de você com honestidade, alegria e paixão.
- ✓ Crescer com você.
- ✓ Ser testemunha de sua vida e convidar você a ser testemunha da minha.

Essas afirmações são extremamente tocantes porque se baseiam na verdade; elas refletem a individualidade e as necessidades suas e de seu parceiro; elas reconhecem as dificuldades da vida, bem como as possibilidades; e elas acolhem um mundo maior que a união de vocês dois.

Usando os quatro elementos dos votos intencionais, você pode começar a esboçar seus próprios votos agora. Esta é apenas uma fórmula para ajudá-lo a começar.

Eu prometo (afirme sua verdade) _____ ,
(aceite a individualidade e as necessidades suas e minhas) ____ ,
(reconheça nossas dificuldades e possibilidades) _____ ,
(abrace o mundo a nossa volta) _____ .

Ritualize seus votos na vida

Como você faz seus votos viverem dentro de você? A resposta mais simples é: praticando-os, vivendo a verdade de seu compromisso todos os dias. O casamento é uma jornada por toda a vida, mas não tem de ser uma luta por toda a vida. Na verdade, o casamento pode ficar mais fácil, o amor mais profundo, a paixão mais doce. Com tempo e prática, formam-se hábitos que transformam o que antes era uma dificuldade em uma facilidade – desde que os hábitos formados melhorem você. As pessoas aprendem a tocar piano praticando, a falar uma língua estrangeira usando-a ao máximo, a melhorar em um esporte treinando. Certa vez, ouvi Michael Jordan dizer que, a cada cesta que ele acertava, havia muitas outras que ele havia errado enquanto treinava. Ele continuava arremessando até que o número de bolas que entravam na cesta superasse o número de bolas que batiam no aro e caíam fora. O mesmo acontece com o casamento. Ele precisa de prática, determinação, compromisso e foco. Lembre-se de minha analogia com o caixa eletrônico conjugal: o que você deposita é o que depois vai sacar – nada mais, nada menos. Você não pode fazer retiradas se não tiver feito depósitos.

Os votos matrimoniais não são palavras mágicas. Promessas de amor, honra e respeito não fazem com que isso realmente aconteça. Os casais precisam crescer em seus votos encontrando meios intencionais de convertê-los em ações concretas e amorosas.

Depois de escrever seus votos, escolha algumas práticas diárias que sejam uma manifestação de sua intenção. Note que essas práticas vão crescer e mudar junto com seu casamento. Pois agora a meta é cimentar o voto com uma ação.

Você pode praticar viver seus votos estabelecendo rituais. O importante nos rituais é que eles transcendem os sentimentos. Isso você já aprendeu com a vida. Talvez você não sentisse vontade de se levantar de manhã e ir ao culto religioso semanal, mas foi, mesmo assim. Talvez não estivesse com vontade de ir à academia de ginástica, mas foi. Sei que há momentos em que você não estava a fim de ir trabalhar ou de concluir um projeto, mas fez tudo isso, mesmo assim. Os rituais intencionais forçam você a estar presente quando, na verdade, quer fugir; eles lhe possibilitam dar o melhor de si, mesmo quando sente que seu combustível está baixo.

Seus rituais podem ser ações escolhidas que reflitam o espírito e a substância de seus votos. Eis alguns exemplos:

- Um casal que eu conheço se reveza todo sábado à noite, após o sabá, na hora de planejar o que os dois querem fazer juntos. É importante fazer coisas das quais o parceiro goste. É um excelente modo de lembrar que o mundo não gira em torno de você e também de combater a tendência humana ao ensimesmamento. (E na semana que vem é a sua vez.)
- Muitos casais escolhem rituais simples que cultivam a bondade, o amor e um nível de consideração que cura os relacionamentos e alimenta as conexões amorosas. São coisas como jamais sair de casa pela manhã sem dizer "eu te amo", cumprimentar-se à noite com um abraço, um beijo e um "como foi seu dia?" (e ouvir a resposta) e deixar o telefone desligado uma noite por semana para os dois terem um momento a sós.
- As ações intencionais que mudam seu comportamento para benefício de seu parceiro podem ser particularmente poderosas. Uma idéia é praticar o "sim" como resposta a pedidos que a pessoa lhe faz. É surpreendentemente possível – e eficaz. Veja um exemplo:

Refrão do NÃO:
"Amor, você leva o lixo para fora?"
"Depois. Agora estou ocupado."

Refrão do SIM:
"Amor, você leva o lixo para fora?"
"Tudo bem, só vou terminar de ler este artigo."

Se você olhar com atenção, as palavras acima dizem a mesma coisa, que é "levo...", mas mexem com o coração da pessoa de maneiras diferentes. A primeira resposta é fechada e ríspida, a segunda é atenciosa e respeitosa. Você pode aprender a ser sábio com as palavras.

Pense num modo de usar ações intencionais para mudar comportamentos que você sabe que incomodam seu parceiro. Por exemplo, resolva não discutir política com sua sogra quando a vir esta semana, ou cuide de uma tarefa que geralmente é o outro que faz.

Você pode elaborar um ritual argumentativo para substituir o palavreado sem sentido que flutua em sua cabeça ("Jogar limpo" ou "Nunca ir dormir zangado"). Por exemplo, quando houver um desacordo, antes que ele se torne uma batalha declarada de posições intratáveis, pare e faça uma forma de espelhamento no qual cada um escreverá a posição do outro por meio de uma afirmação. Não deve ser algo do tipo "ela acha que precisamos comprar um carro novo porque...", e sim "precisamos comprar um carro novo porque..." Esse exercício ajuda a compreender os pontos de vista do outro, incentiva a escutá-lo e possibilita construir uma compreensão mais profunda. Quando você sente que é ouvido e visto, isso é um convite para uma profunda paixão, intimidade e devoção.

Quem vai celebrar?

Contei a história do casamento de minha amiga porque percebi como é importante escolher um padre ou pastor que tenha os mesmos valores que você. Fico perplexa quando um casal gasta mais tempo e esforço escolhendo a banda para a recepção do que selecionando quem celebrará a cerimônia.

Casais que não pertencem a uma congregação religiosa, ou que são de religiões diferentes, têm dificuldade em encontrar um clérigo para presidir o momento religioso da cerimônia de casamento. Embora este costume pareça estar mudando, são poucos os clérigos dispostos a – ou capazes de – presidir casamentos de pessoas de religiões diferentes ou de casais que não fazem parte de sua congregação.

Não escolha um oficiante ou um ambiente que não afirmem plenamente sua união. Um homem que era muito próximo a mim ia se casar. Estava divorciado havia algum tempo e finalmente encontrara a realização e a alegria de um amor sólido e apaixonado. Estava muito animado com a aproximação do grande dia, e eu partilhava de sua alegria por uma segunda chance para o amor. Ele e a noiva conheciam um pastor que gostaria muito de uni-los no matrimônio. Só havia um problema: a igreja desse casal fora destruída num incêndio, e o santuário dos dois não estaria pronto a tempo para a cerimônia. Eles encontraram outra igreja na comunidade que satisfazia suas necessidades em termos de estilo e localização. No entanto, quando procuraram o pastor de lá para marcar o casamento, ele se mostrou preocupado por meu amigo ser divorciado. Aquele magnífico e promissor casal decidiu que não queria celebrar seu grande dia numa igreja que não respeitava a segunda chance de amar que Deus lhe havia dado. Desistiram daquele pastor e da igreja e encontraram um lugar melhor, um santuário muito mais bonito e um pastor que, com boa vontade, abriu as portas de sua igreja para aquela celebração de amor. Eles sabiam que, embora todos os detalhes da cerimônia fossem importantes e eles quisessem que todos apreciassem a recepção, o local da cerimônia, o oficiante e as palavras proclamadas naquele dia eram benditas e sagradas.

A correria para encontrar um oficiante ofusca a verdadeira importância do indivíduo que é um membro vital da experiência de casamento. A pessoa que você escolher será para sempre lembrada como seu representante diante da comunidade que se reuniu para a cerimônia. Você e seu parceiro devem se perguntar:

- ✓ Quem é a melhor pessoa para santificar nosso dia especial?
- ✓ Quem pode interpretar melhor nosso propósito e nossos valores?
- ✓ Quem pode trabalhar conosco na elaboração de nossos votos exclusivos e nos ajudar a fazer da cerimônia algo com significado e propósito?
- ✓ Quem pode nos encorajar a levar nossa meta até o nível seguinte e a concretizá-la?
- ✓ Quem nos honra e celebra nossa alegria?

Essas são perguntas cruciais. Se vocês não têm uma congregação, ou se o clérigo de sua congregação não compartilha de seus valores, vocês têm o direito de procurar outros até encontrar a pessoa mais capaz de ajudá-los a conduzir o ritual de sua união.

Não se engane. Procure com calma uma pessoa que possa caminhar com vocês – não só na hora de escolher bolo, flores, decoração, local, fotógrafo, equipe de filmagem, lista de convidados, jantar de ensaio e todo o rol de necessidades para a cerimônia e a festa. Escolha alguém que se importe com sua vida depois da cerimônia, que considere suas alegrias e tristezas. Encontre uma pessoa que saiba que o dia do casamento é mais que uma festa grandiosa, mais que uma forma de impressionar o mundo com uma exibição de seus recursos. É um dia para você mostrar a si próprio, a seu parceiro e às testemunhas que vocês estão criando um casamento que será a inveja de todos, e não apenas uma *cerimônia* invejada por todos.

Na presença da comunidade

Há um motivo importante pelo qual as cerimônias de casamento são realizadas na presença da comunidade, seja ela composta por uma sala cheia de gente ou por duas testemunhas escolhidas. Ninguém assina uma certidão de casamento num cartório e vai embora já casado.

Pense em sua comunidade – família, amigos, colegas, vizinhos, e assim por diante – e imagine como você e seu parceiro poderão se abrir para essas pessoas que os conhecem e desejam o melhor para vocês. Como fazer da cerimônia de casamento uma oportunidade de dar e receber sabedoria e inspiração?

Eis algumas sugestões:

O chá-de-sabedoria

Os chás-de-cozinha convencionais enfocam os elementos externos. Existem chás-de-lingerie, de viagens para a lua-de-mel, de beleza, e dezenas de outros. Uma amiga sugeriu fazer um chá-de-sabedoria para a noiva, e foi uma ocasião verdadeiramente inspirada. Não se preocupe, não estou dizendo que você deve abrir mão dos presentes materiais se quiser que eles façam parte do evento, porque isso é divertido também. Mas aproveite a reunião para trocar sabedoria com as amigas. Essa minha amiga gravou o evento e deu de presente à noiva um livro encadernado com a transcrição das conversas.

Peça a cada pessoa que faça o seguinte:

- Conte uma história de seu casamento (ou uma que você observou) que tenha lhe ensinado uma lição valiosa e que agora você quer partilhar.
- Leia o trecho de um livro ou poema que, em tempos de dificuldade, nos ajude a refletir.

Como toda mulher sabe, nossas amigas têm uma sabedoria que enriquece nossa vida e que parece necessária para nossa sobrevivência. O chá-de-sabedoria tem o benefício adicional de proporcionar inspiração a todas as pessoas presentes na sala. Todo o grupo aproveita.

Dar e receber

Agora responda: O que significa criar uma experiência para seus convidados que vá além da cerimônia e da recepção?

Sua família e seus amigos não são apenas figurantes, cujo papel é preencher os bancos da igreja. Nem é a função principal deles montar a mesa e encher a cozinha de presentes. Além de receber dos convidados, você pode lhes dar algo que valha a pena levar – um casamento em que todo mundo participe, tanto em espírito quanto em realidade. Criando uma data que incite seus convidados a ser mais que meros observadores, você pode lhes dar um presente também. Imagine como seria extraordinário se cada um deles fosse para casa levando amor, verdade e oportunidade – não só para sua vida, mas para a deles também.

Nunca é tarde para rever os votos

> QUE VOCÊS VIVAM TODOS
> OS DIAS DE SUA VIDA.
> – *Jonathan Swift*

Uma amiga minha que estava casada havia muito tempo me confessou, pensativa: "Como eu gostaria de sentir de novo aquela magia, aquele gosto de esperança e expectativa que senti no dia em que me casei". Minha amiga tinha um casamento sólido, mas a passagem do tempo lhe ofuscara o brilho, e a união parecia agora estagnada e desgastada. À medida que ela olhava para o passado, 22 anos antes, o dia do casamento reluzia em sua memória com uma vivacidade e uma alegria que pareciam impossíveis de recuperar.

De certa forma, ela tinha razão. O vigor e a vibração da juventude, o esplendor de sua beleza passageira, não podem ser recuperados quando as décadas deixam uma marca inapagável. O que minha amiga não percebia, porém, era que as lições coletivas dos anos criam um potencial de excitação próprio para quem estiver disposto a reconhecê-las.

Qualquer coisa é possível em um casamento em que os dois se comprometem a ficar acordados e estar plenamente presentes. Mesmo que você tenha mentido diante do altar, no dia da cerimônia, e que seu casamento seja marcado mais por lutas do que por alegrias, há redenção na verdade.

Se você é casado, talvez tenha sentido uma faísca de reconhecimento ao ler isso. Talvez tenha se sentido triste ao ver que colocou mentiras no caminho como se fossem pedras pesadas. Talvez sinta que é tarde demais para ter o casamento que você queria, que seu comportamento indesejável esteja cristalizado após anos de repetição.

Mas saiba que a renovação de seus votos não significa ter de desfazer toda a parte ruim. Para tocar o barco, você não precisa voltar e lutar contra todo problema, resolver cada conflito. Você não precisa desenterrar cada ferida do tipo "ele disse isso" ou "ela disse aquilo" dos últimos trinta anos. Aprender com o passado não significa remoê-lo. Significa, isto sim, ser consciente das influências que moldaram você desde o princípio, fundamentar-se na verdade de sua vida e escolher a possibilidade de uma nova vida, deixando de lado a complacência e o sentimento de derrota.

Talvez você não estivesse presente nos últimos 25 anos, mas hoje está. Vamos reconstruir a partir de agora então.

Renovação na verdade

Depois de trinta anos de casamento, Anna e Franklin viviam vidas separadas. Seus dois filhos eram adultos e não moravam mais com eles. Anna vivia viajando a trabalho, mas, mesmo quando estava em casa, raramente via Franklin, que trabalhava como diretor de jovens em um centro comunitário local, emprego que lhe consumia a maior parte do tempo. Eles tinham perdido o desejo de estar juntos. A energia fora drenada de seu casamento, bem como a lembrança do que os havia aproximado de forma tão poderosa.

A percepção de que eles estavam em crise começou a perturbar profundamente Anna. Procurando uma orientação para sua vida, eles falaram com seu pastor, que sugeriu que renovassem os votos, numa tentativa de recuperar o sentido de compromisso com o casamento. E assim, em uma cerimônia particular, diante do altar de sua igreja, Anna e Franklin se colocaram diante do pastor e reafirmaram a promessa de amar, honrar e respeitar um ao outro até a morte. Em seguida, saíram de mãos dadas, naquela tarde ensolarada, sentindo no momento que havia um vislumbre de esperança.

Após dois meses, eles se separaram. Um ano depois, estavam divorciados. O que aconteceu?

O que Anna e Franklin renovaram não foram os votos, mas a mentira que os deixara em crise. Era mentira achar que a cerimônia de renovação poderia *criar* renovação, se, em primeiro lugar, eles nem sabiam o que havia sido quebrado. Era mentira crer que o compromisso de "tentar com mais empenho" significava qualquer outra coisa além do que eles sempre haviam feito – as mesmas atividades isoladoras, a constante sabotagem de eventos que poderiam aproximá-los, os velhos comportamentos destrutivos. Uma das definições de insanidade é fazer sempre a mesma coisa esperando um resultado diferente.

Não tenho dúvidas de que Anna e Franklin *queriam* salvar seu casamento. Eles *queriam* que as coisas dessem certo. Mas você não pode *desejar* que um casamento mude. Não pode consertá-lo se não tem a menor idéia do motivo de ele estar se rompendo. Não pode cumprir uma promessa com esperança cega. A Bíblia diz: "A fé sem obras é morta". Costumo fazer a seguinte analogia: você não pode acordar de manhã, ligar um vídeo que ensina a fazer exercícios físicos, voltar para a cama e ficar vendo outra pessoa fazer os exercícios, achando que assim você vai ter um abdome mais rígido e coxas mais firmes. Você precisa malhar se quiser colher os benefícios.

Esperança sem ação não serve para nada. É apenas mais um jeito de ficar em inércia. É um beco sem saída. Quando a esperança, e não a realidade concreta, é a base de um relacionamento, *não há* relacionamento. A palavra "esperança" pode ser como a palavra "tentativa". Elas são usadas quando as pessoas estão, na verdade, querendo fugir do trabalho necessário de consertar e alimentar um relacionamento. Geralmente, quando dizemos que vamos tentar, já estamos apresentando nossas justificativas para o fracasso.

Anna e Franklin acreditavam que podiam reconstruir seu casamento permanecendo no isolamento de suas identidades infantis e assustadas. Eles fingiam ser adultos, usando roupas de adultos, tendo empregos de adultos e assumindo a responsabilidade adulta de criar os filhos, mas, por trás de tudo, ainda eram as mesmas crianças feridas que nunca haviam crescido. A promessa de amor adulto os havia enganado.

Os rituais só têm sentido se representarem a verdade. A cerimônia de renovação de votos pode oferecer uma grande possibilidade, mas somente se você estiver presente como adulto e reescrever o roteiro original. Renovar os votos com verdade permite que os dois se entreolhem e sejam o melhor que podem ser hoje.

Use os pedaços para se firmar

Uma poderosa história no Novo Testamento conta sobre o naufrágio do apóstolo Paulo. Um furacão se formou de repente e sacudiu seu barco, jogando muitos homens às águas turbulentas. Mas, no mar enfurecido pela tempestade, alguns conseguiram se segurar nos destroços e chegar à praia, apoiados nos pedaços do barco. Uso essa história em seminários para mostrar que aquilo que podemos considerar irremediavelmente quebrado ainda pode nos levar à segurança e à vida. Podemos achar que estamos nos afogando, que estamos perdidos no mar, mas o auxílio aparece de diversas formas. O que parece quebrado, em pedaços, pode às vezes se transformar em uma jangada e nos levar à praia, de volta à vida.

Por isso, convido você a pegar os fragmentos de seu casamento e transformá-los numa jangada, que será sua professora. Um exame desses fragmentos o ajudará a compreender as mentiras que você tem vivido, ajudando também a criar novos votos de casamento baseados na verdade. Talvez você tenha pensado que ser fiel significa viver em um casulo, isolado, e descobriu há muito tempo que isso era uma mentira. Use esse conhecimento para se perdoar e perdoar seu parceiro por vocês dois terem sido cúmplices no roubo das oportunidades de cura e crescimento. Mas isso foi no passado, agora estamos no presente. Oprah Winfrey gosta de citar sua mentora e querida amiga, a dra. Maya Angelou, que disse: "Você faz melhor quando sabe mais". Pois agora que você sabe mais, deixe a coragem conduzi-lo pela mão, e deixe a verdade ser o cinturão que une a vida de vocês dois.

Quanto a minha amiga que recordava as memórias saudosistas das fantasias juvenis, é difícil, nesse caso, reconhecer os pedaços partidos de um longo casamento. Todos nós gostaríamos que nossa vida evoluísse a partir de uma coisa boa atrás de outra, mas geralmente não é assim que as coisas funcionam. Pelo contrário, as dificuldades profundas – os momentos ruins que nos afiam, moldam e processam – nos ensinam a viver de verdade, se aprendemos com elas.

Você se lembra da idéia do dr. Harville Hendrix de que seu parceiro tem o remédio para sua cura? Quando há segurança, confiança e respeito no relacionamento, seu parceiro pode ajudá-lo a ver as áreas que privam você do rico destino que toda pessoa merece e deseja. Quando os casais fogem daquilo que chamo de "pontos quentes", alguma coisa está errada. Os pontos quentes são as questões que estão carregadas de emoção. Se não forem tratados, o fogo do ressentimento pode fazer um buraco no relacionamento, talvez irreparável. Quando isso acontece, os casos extraconjugais, a infidelidade e outras formas de fuga do relacionamento parecem ser a única maneira de sair de um calor insuportável. Essa é outra enorme mentira. Essas fugas são substitutas pobres, e você nunca pode curar uma ferida original e sagrada com um substituto artificial. O universo não permite isso. É a saída pobre, e no fim das contas você acabará perdendo.

Pontos quentes na vida de um casal realçam as áreas necessárias para o crescimento do indivíduo. É responsabilidade de cada um lidar com seus problemas e questões e, em seguida, estar presente como um ser mais maduro, para causar um impacto positivo no relacionamento. Fazer o contrário disso é permanecer em um estado perpétuo de amargura e negação, vivendo como duas pessoas sozinhas no mesmo lugar.

O casamento nunca é fácil. Duas pessoas não podem esperar ter sempre a mesma opinião e o mesmo sentimento em relação a tudo.

Isso é uma fantasia. Entretanto, quando as diferenças ameaçam a estabilidade do que vocês construíram juntos, está na hora de fazer uma pausa e dar mais uma olhada em seus valores comuns. A vida lança pedras de discórdia em seu caminho, bloqueando a passagem para a harmonia. Mas o que você faz com elas é o que determina seu destino. Essas pedras que aparecem no caminho da vida estão lá para lhe ensinar algo sobre você mesmo. Sempre que se deparar com uma, pergunte: "O que essa pedra em minha vida quer me ensinar?" Ao receber a dádiva e aprender a lição, verá que a pedra rola e desaparece, e você será grato pela lição que ela trouxe, feita sob medida para suas necessidades específicas. Mas, para que esse processo ocorra, você deve acolher a verdade e todas as informações que ela traz.

Renovando seus votos

O conceito de renovar uma aliança é um tema básico do Antigo Testamento. Deus renovou sua aliança com os israelitas, mesmo diante dos pecados em que alguns haviam caído, pronunciando-lhes a promessa eterna da redenção. Ele os levantou com uma nova aliança, como sinal de seu perdão pelas transgressões do passado. A velha aliança não foi apagada, mas transformada. A ruptura do passado se tornou um talismã para as promessas do futuro.

Do mesmo modo, você pode escrever uma nova aliança com seu cônjuge, uma aliança que reconheça o passado, mas aceite a possibilidade redentora do futuro. Talvez você tenha resolvido renovar seus votos após atravessar um período de dificuldades. Ou você pode ter uma cerimônia de renovação após a ocorrência de uma importante passagem na vida, como os filhos saírem de casa ou se casarem. Talvez você reconheça que estava emocional ou espiritualmente adormecido no dia de seu casamento. Talvez olhe para trás, para seus votos, e perceba que o significado atribuído a suas palavras era uma mentira. Agora, despertos do sono, crescidos e com os olhos bem abertos, vocês querem fazer um compromisso como pessoas adultas e sinceras. Eu fiz isso quando fui batizada pela segunda vez, na adolescência. Meu pai não entendia o motivo de eu precisar daquilo. Eu fora batizada quando bebê e tinha minha certidão de batismo. Expliquei a ele que não me lembrava do evento, pois, embora aquilo talvez tenha significado muito para os adultos presentes como testemunhas, não significava nada para mim. Agora seria minha escolha e teria um sentido real. Era meu modo de estar presente para simbolizar minha ligação com o sagrado.

A renovação de seus votos de casamento pode ser assim. Você pode criar um novo relacionamento, escolhido por você com plena consciência e visão.

Antes de renovar seus votos, é importante reconhecer seu casamento como ele tem sido até agora. Escreva a história dele, escolhendo temas que enriqueçam a união: alegria (quando os filhos nasceram), luta (em momentos de doença e perda de emprego) e superação de obstáculos (infidelidade, vício, depressão). Quem você foi até agora no casamento? Quem você se compromete a ser? Como você imagina que é viver com você? Encontrar uma resposta a essas perguntas é o começo de um relacionamento maduro.

Faça a linha do tempo de seus anos juntos, escolhendo uma palavra ou frase para simbolizar cada ano: *novidade e paixão*, *aborto espontâneo*, *morte da mamãe*, *nascimento de Jack*, *demissão*, *trabalho e satisfação*, *casa própria*, *amar e viver*, *luta e separação*, e assim por diante. Se você fez os exercícios deste livro, sua reflexão sobre os anos passados será como o primeiro passo de uma jornada contínua. Perguntem a si mesmos o que a jornada lhes ensinou nas alegrias e tristezas, nas paradas e começos, nas colinas íngremes, vales profundos e pastagens verdejantes. Como adultos maduros embarcando em um novo trecho da jornada, aceitem o passado sem culpa ou vergonha. Ele é o campo de treinamento para o sucesso, quando o deixarmos ser.

Use a tabela a seguir para organizar seus pensamentos para cada ano. Para os anos adicionais, faça cópias da tabela em branco.

Linha do tempo da família

Ano					
Título simbólico					
Grandes passos na família					
Grandes passos no trabalho					
Luta-chave					
Triunfo-chave					
Lição					

Os votos que vocês fazem na cerimônia de renovação devem reconhecer a jornada que vocês dois têm percorrido. Antes de escrever seus votos, passe algum tempo refletindo nos originais:

✓ Quando vocês prometeram se amar, honrar e respeitar, o que significava tudo isso para você na época? E o que significa agora?
✓ Quando prometeu ser fiel, o que significava fidelidade para você? O conceito mudou agora? Você sente algo diferente?
✓ Quando você jurou compromisso na alegria e na tristeza, o que isso significava? Como você interpreta o significado desse voto hoje?
✓ O que significava para você o voto de ficarem juntos na riqueza e na pobreza? E hoje, o que significa?
✓ Que compromisso vocês estavam fazendo quando juraram ficar juntos na saúde e na doença? O que você aprendeu com a experiência, que lhe mostra um significado diferente agora?
✓ Quando você fez a promessa solene de permanecer casado até a morte, o que isso significava? Sua experiência de vida alterou seu modo de ver essa promessa?

Releia, no capítulo 10, os elementos que devem ser levados em conta na criação de votos intencionais. Eles são relevantes também para a renovação dos votos, mas dentro do contexto de sua história. Quando escrever seus votos de renovação, você pode falar uma verdade que não estava clara na época.

Veja alguns exemplos de como você pode transformar suas mentiras do passado em novas verdades por meio dos votos:

✓ Vinte e cinco anos atrás, prometi amar e respeitar você na alegria e na tristeza, mas esperava, no fundo, que fosse sempre na alegria, e às vezes eu o abandonei quando as coisas estavam ruins. Prometi amar você na riqueza e na pobreza, mas contava com a riqueza – quando não material, pelo menos emocional. Quando o poço estava seco, eu às vezes mostrava minha decepção e punia você com minha distância.

Prometi amar você na saúde e na doença, mas alimentava uma fantasia de que o frescor da juventude nunca morreria. Eu nem sempre queria cuidar de mim ou de você e criticava os efeitos físicos da idade. Quando você precisou que eu lhe desse a mão, sei que o decepcionei e parei no meio do caminho.

Prometi amar você até a morte, mas no caminho busquei algumas saídas e às vezes fechei a porta atrás de mim, deixando você sozinho e amedrontado. Hoje estou aqui, à sua frente, renovando esses votos, confiante na verdade deles. A alegria que sinto hoje é diferente da que sentia diante do altar, 25 anos atrás, quando lhe dei meu coração. Sei agora o que não sabia antes: que nosso amor é verdadeiro, tanto nos bons quanto nos maus momentos. Eu renovo hoje nossos votos, com minha mente, meu corpo e meu coração totalmente abertos para você.

✓ Vinte e cinco anos atrás, quando me coloquei diante deste altar e prometi amar e respeitar você até o dia em que eu morresse, estava plenamente feliz por saber que você viveria comigo. Mas havia tanta coisa que eu não sabia. Não sabia que o amor pode sobreviver quando os sentimentos falham, nem como é fácil afastar-se emocionalmente ou fantasiar uma realidade diferente. Não esperava que as provações da vida testassem minha tolerância. Não sabia que a bagagem que fizemos para passar a vida juntos conteria malas de nosso passado, e que, quando nos feríssemos, nos recolheríamos para lamber as feridas. Há tantos anos, fiz minhas promessas a você, esperando o melhor. Hoje, renovo essas promessas na verdade. Posso dizer agora que conheço você e que o escolho novamente. Pelo resto de minha vida, prometo respeitá-lo, expressar meu amor todo dia, escutar e compreender você, apoiar seus sonhos e sua liberdade, fazer o que for possível para tornar nossa casa um lugar de confiança e verdade. Prometo amar, honrar e respeitar nossas diferenças, nossa maneira de ser únicos e separados, e não insultar a santidade da sua e da minha individualidade, tentando mudar você ou a mim. Eu me esforçarei para ser uma pessoa saudável e evoluída, oferecendo-me a outra pessoa saudável e evoluída.

Inclua na cerimônia de renovação outras pessoas – familiares, amigos e principalmente outros casais – que possam refletir nas intenções delas, testemunhando o desejo que você tem de renovar o compromisso. Descobri que as cerimônias de renovação podem ter um efeito eletrizante nos outros casais presentes, principalmente se elas forem intencionais. Elas são um presente que você pode dar às pessoas de seu círculo de relações.

Envolva seus filhos e netos na cerimônia de renovação – não na troca de votos, que é exclusiva do casamento, mas como testemunhas. Filhos mais velhos e adultos podem participar, falando alguma coisa, recitando uma prece ou um poema, ou lendo uma carta para vocês dois, para explicar como é importante estar em família e o que a união do casal significa para eles, na alegria e na tristeza, nos triunfos e nas derrotas. Sua cerimônia de renovação vai se tornar um evento no qual toda a família e as pessoas reunidas como testemunhas entrarão no reino sagrado em que se deve viver e falar mais na verdade que nas mentiras. Será um presente inestimável para todos que tiverem o privilégio de participar.

Quando vocês estiverem juntos na presença da comunidade e renovarem seus votos, uma vida de possibilidade se abrirá. Vocês verão com clareza: não é outro homem, não é outra mulher. São vocês. São as mesmas pessoas. Mas tudo foi transformado.

Rituais de renovação

Quais são as práticas que você pode levar para o casamento, após a renovação, e que podem ajudá-lo a se lembrar dos votos? Lembre-se de que o importante nos rituais é que eles transcendam os sentimentos. São intencionalmente repetidos, nos bons e maus momentos, tornando-se um hábito, como o compromisso entre os dois cônjuges. Tanto os bons quanto os maus hábitos são criados por repetição e intenção. Crie hábitos que apóiem a restauração de seu casamento e uma nova vida, repetindo atitudes, comportamentos e ações que reforçam o relacionamento maduro e apaixonado que vocês dois estão comprometidos a construir. Pratique esses comportamentos até se tornarem automáticos.

Restabeleça os rituais que aproximaram vocês. Os casais costumam reclamar: "Nós conversávamos ao telefone toda noite, e agora mal nos falamos". Ou: "Nós adorávamos sair para dançar, mas já faz anos que não dançamos mais". Considere os pequenos gestos e atividades cotidianas que solidificaram a união quando vocês se tornaram um casal. Pergunte a si mesmo como você pode restaurar alguns desses rituais, seja repetindo a mesma forma do passado, seja estabelecendo uma forma diferente que satisfaça os dois agora. Você deve cuidar de si, do outro e do relacionamento. Você não pode deixar o relacionamento passar fome de respeito, verdade, alegria e honra e pensar que o casamento se tornará uma união viva e apaixonante. O casamento, como todas as coisas vivas, exige sustento.

O que cada um de nós almeja é ter outra pessoa que seja testemunha de nossa vida. Entre a massa de bilhões de seres humanos no planeta, vivos ou mortos, essa pessoa realmente nos vê, ela acende uma luz sobre nossa verdade. E nós, de nossa parte, a vemos. Embora sejamos insignificantes no vasto esquema das coisas, nós podemos, por meio de um elo de intimidade, saber o que significa termos importância. Essa é a promessa de todo casamento. E pode ser a sua.

12

Acenda três velas

> UMA VELA NADA PERDE
> SE ACENDER OUTRA VELA.
> — *Provérbio chinês*

A jornada que empreendemos neste livro tem sido um processo de despertar. Você está sendo convidado a viver na verdade, a conhecer a si próprio e a seu parceiro e a sondar além de sua zona de conforto. Você está sendo encorajado a se estender para atingir a maturidade emocional e relacional. Estender-se é um processo, e, como qualquer outra coisa, quanto mais você o faz, mais flexíveis ficam seus músculos emocionais. Quando você começa esse processo de estar presente, crescer e curar as velhas feridas do passado, o alongamento pode parecer que vai quebrá-lo, mas não vai. O que vai se quebrar são os velhos hábitos e padrões, aqueles que impedem a conquista de um relacionamento íntimo satisfatório, amoroso e compensador. Não se deixe enganar por seu desconforto, achando que já se alongou demais. O que você está de fato fazendo é um esforço para se tornar a pessoa que deveria ser. Está se estendendo para se tornar um parceiro íntimo que seja testemunha da vida da pessoa que você ama. E, para o bem de seus filhos, você está se estendendo até se tornar o pai ou a mãe que oferece atenção, cuidados e possibilidades, não mágoas. Isso é o que eu cobro de você — e é o que aceitei quando me foi cobrado. Precisamos fazer isso para salvar a nós mesmos, nossos filhos, nosso casamento e nosso planeta!

Mas não podemos realizar tudo isso no escuro ou sob a luz fraca do medo e da fraqueza. Assim, deixo-lhe agora um último segredo: quando você acender três velas, o caminho para um ótimo casamento e uma ótima vida será iluminado.

Suas três velas

Muitos de nós começamos um relacionamento sentindo que não temos luz suficiente dentro de nós para viver. Procuramos outra pessoa que nos mostre o caminho. Em minha família, todos nós aprendemos a nos aquecer sob a luz refletida de meu pai. Ele era um homem magnífico – inteligente, bem-sucedido, respeitado, bondoso e, ah, tão gentil! Minha mãe gostava de viver sob a luz dele, e eu também, embora não enxergássemos bem quando ele não estava por perto. Minha mãe me ensinou que eu precisava de um homem para segurar uma luz sobre mim. Ela não percebia que eu era capaz de segurar minha luz sozinha, que eu podia viver minha vida por *mim*, não por meio de um homem. Levei muito tempo para encontrar minha luz.

Com freqüência, ouço mulheres falando de como se sentem incompletas sem um homem, ou homens descrevendo a esposa como "minha melhor metade", como se fossem apenas um ser parcial, menor, antes do casamento. Sentem-se tão aliviados quando conhecem outra pessoa que queira estar com eles, que deixam suas velas se apagarem, e dizem: "Sou seu" ou "Sou sua".

A fantasia romântica de que no casamento "dois se tornam um" é uma invenção perigosa, se significar que um de vocês desaparecerá, que sua chama exclusiva se extinguirá. Quando apenas uma vela fica acesa, uma identidade foi sacrificada pelas necessidades e desejos da outra.

O único modo de duas pessoas começarem um relacionamento bem-sucedido é se portando como seres humanos completos, que carregam, cada um, uma forte vela acesa. Mas nem isso é suficiente. Quantos casais dizem, um ao outro: "Você segue o seu caminho, eu sigo o meu, e nós nos encontramos no meio"? A idéia de estar separados e, ao mesmo tempo, juntos pode ser confusa, uma vez que existem tão poucos modelos para nos mostrar o caminho. Conheço muitos casais que consideram a casa como domínio da mulher, e ela, mesmo que trabalhe fora, tem de coordenar as tarefas domésticas e cuidar dos filhos. O homem não sabe os nomes dos melhores amigos dos filhos nem onde um tubo extra de pasta de dentes é guardado, porque o domínio dele é o escritório. Os dois são navios que passam um pelo outro à noite e, embora sua vida seja tranqüila, vivem essencialmente separados. Com o tempo, ambos começam a perguntar: "Isso é bom para *mim*?", e não "Isso é bom para o relacionamento?"

Em meu consultório, ouço pessoas dizerem: "Eu me sinto sozinho nesse casamento", porque a conexão vital foi interrompida. Elas pararam de conversar, de fazer amor, de falar dos sonhos para o futuro. Separaram-se tanto no caminho que um não vê mais a chama da vela do outro.

Nenhum casamento pode crescer com apenas duas velas acesas – uma para "você" e outra para "mim". Duas velas representam o brilho de indivíduos girando em suas próprias esferas.

No fantástico quadro de Marc Chagall *As três velas*, um jovem casal se encontra sob a claridade de três grandes velas. Os dois estão de braços dados e parecem se elevar da terra, mas, ao mesmo tempo, estão com os pés firmes no chão. O terreno em volta deles parece mágico, porém absolutamente real. Esse é o mistério e o deslumbramento de um casamento que existe sob a luz de três velas. Dois indivíduos separados e plenamente vivos podem concordar em fazer a mesma viagem pelo mesmo caminho – não para suprir o que falta, mas para enriquecer o que já existe; não para dizer: "Você me faz ser melhor", mas "Na sua presença, quero ser o que há de melhor em mim".

Um casamento iluminado por três velas é um convite maravilhoso para você crescer e viver sua vida. As seguintes palavras de Jean-

Paul Sartre são, para mim, uma força inspiradora: "No momento do compromisso, o universo conspira para ajudar você". Eu convido você a acolher essas audaciosas palavras e definir o primeiro voto em seu relacionamento assim: descobrir, criar e sustentar com o universo. É com a assistência e cooperação dessa forte âncora no relacionamento que você pode ser uma pessoa completa e oferecer plena e livremente a outro indivíduo um lugar de abrigo, repouso, crescimento e alegria, numa união que tem tudo para prosperar.

Você pode mudar sua vida, suas particularidades, sua atitude, sua condição e o fluxo de energia em seu relacionamento íntimo. Pode superar os obstáculos em sua vida e lidar com coisas que você pensava que lhe haviam roubado a alegria para sempre. Você pode expurgar as mentiras que haviam esmagado suas oportunidades e criar uma ligação de amor duradoura e compensadora. Mas todos nós precisamos de assistência, precisamos de uma conspiração positiva e de apoio, precisamos da ajuda do universo nesses esforços sagrados.

Acredito que as palavras de Sartre significam que todas as forças do universo ficarão a sua disposição, mas a oferta depende de seu compromisso de se empenhar em um exame de sua vida e de seu relacionamento, e de você ser real e verdadeiro consigo mesmo e com o parceiro. Procure compreender a fonte original de dor que vive aparecendo como um bloqueio em seus relacionamentos, lembrando que você não pode consertar o que não reconhece como quebrado. Depois, tome atitudes diferentes daquelas que o mantiveram preso a um círculo vicioso, impedindo um relacionamento rico e recompensador.

Humildade, identificação, reconhecimento e tratamento das questões problemáticas e dolorosas levam ao prognóstico de uma pessoa saudável, inteira e realizada, que tem capacidade e preparo para construir uma ligação de amor íntima, forte e feliz. Não existe uma resposta fácil à complexidade da dor, e a vida não deixa você tratar feridas sagradas com pomadas vagabundas. Você tem de fazer o trabalho de cura. A recompensa é grande, e tudo está em jogo – a habilidade e o direito inato que você tem de viver sua melhor vida.

Portanto, faça uma parceria com o sábio poder do universo. Quando você estiver presente como uma pessoa adulta, ele conspirará de uma maneira extraordinária para lhe oferecer ajuda! Vou procurar você nessa promissora jornada para a vivacidade. Será o melhor investimento de sua vida.

Sugestões de leitura

RESGATE SEU CASAMENTO: COMO PROTEGER SEU RELACIONAMENTO DAS ARMADILHAS DO MUNDO MODERNO
(William J. Doherty)
Seu casamento está se deteriorando e você sente que ele logo pode acabar? Ou você é recém-casado e não quer cair nas armadilhas que levam tantos casais ao divórcio? Em qualquer caso, se você e seu cônjuge querem ser felizes e investir no relacionamento a dois, o livro *Resgate seu casamento* pode ajudá-los.

DE BEM COM A VIDA DEPOIS DOS 40
(Regan Marie Brown)
As reflexões perspicazes, bem-humoradas, profundas e inspiradoras encontradas neste livro vão ajudar as mulheres a descobrir e valorizar as alegrias de apreciar plenamente a liberdade recém-adquirida, estabelecer vínculos mais profundos com os amigos e familiares e aproveitar as magníficas oportunidades que ainda têm pela frente.

MEDITAÇÕES PARA MULHERES QUE FAZEM DEMAIS
(Anne Wilson Schaef)
Nutra sua alma e alimente seu espírito com estas meditações, como têm feito, no mundo inteiro, milhões de mulheres ocupadas que encontram conforto com este *best-seller* mundial. Estas meditações diárias propiciam a inspiração e a orientação de que você precisa para relaxar, recarregar a energia e, mais importante, valorizar você mesma e o seu trabalho.

MULHERES NO COMANDO: COMO LIDERAR SEM DESCER DO SALTO
(Caitlin Friedman e Kimberly Yorio)
As mulheres nem sempre tiveram os melhores modelos de chefia no trabalho, por isso ainda não têm muita orientação sobre o que fazer quando assumem o comando da empresa. Neste livro, as autoras ensinam você a ser forte sem ser possessiva, a ter opinião sem ser desrespeitosa, a ter pulso firme sem ser durona. Você vai aprender a assumir o papel de chefe de modo positivo, para poder ser mais mentora do que gerente, aquela que lidera, inspira e motiva.

SEGREDOS DA GORDINHA FELIZ
(Wendy Shanker)
O livro conta as aventuras da autora em academias e clínicas de emagrecimento, mostra seu espanto diante de dietas absurdas, diverte com suas incursões por lojas de roupa e emociona com seus relatos sobre a aceitação de si mesma, além de apresentar dados alarmantes sobre as empresas que estão por trás do mito da mulher ideal e fazer uma lúcida radiografia da sociedade atual.

ARIEL
(Sylvia Plath)
Sylvia Plath conseguiu, em *Ariel*, transformar em poesia tanto assuntos particulares como eventos históricos trágicos. Seus poemas evidenciam as dores de uma vida traumática, marcada pela morte do pai e pelos conflitos com o marido infiel, e são a prova do talento dessa poeta que, com otimismo ou sofrimento, soube unir técnica e emoção e criar uma obra já considerada clássica.

AS MULHERES DE VAN GOGH: SEUS AMORES E SUA LOUCURA
(Derek Fell)
Brigas com a família, paixões arrebatadoras, decepções amorosas, relações com prostitutas, rupturas polêmicas com pintores amigos, automutilação, suicídio – houve de tudo na surpreendente vida de Vincent van Gogh. Mas houve sobretudo amor pelos seres humanos e dedicação à arte na história desse homem carente e apaixonado que buscava na pintura e nas mulheres um meio de fugir da angústia e da rejeição.

A PÉROLA E A OSTRA
(Cássia Janeiro)
"Os poemas de Cássia Janeiro se equilibram bem entre a capacidade de compor e a capacidade de fazer sentir, porque a sua composição parece aderir ao fluxo da emoção. Direta e penetrante, ela sabe ligar o pólo do eu ao pólo do outro e do mundo, porque, por mais forte que seja a sua mensagem carregada de paixão, freqüentemente de dor, há nela a forte vocação do diálogo, sem o qual o poeta não se configura. E quem escreve poemas como Cássia Janeiro é poeta plenamente configurado." (*Antonio Candido*)

PEQUENO LIVRO DE ESTILO: GUIA PARA TODA HORA
(Ana Vaz)
Com suas dicas práticas e rápidas para mulheres, a consultora de estilo e imagem pessoal Ana Vaz vai ajudá-la a escolher a roupa ideal para passar a imagem que você quer. Descubra aqui como estar bem vestida em todas as ocasiões, com roupas que valorizam seu corpo e sua personalidade.

PEQUENO LIVRO DE ETIQUETA: GUIA PARA TODA HORA
(Ana Vaz)
Com suas dicas práticas e rápidas, a consultora de estilo e imagem pessoal Ana Vaz vai ajudá-lo a lidar de maneira elegante com diversas situações do dia-a-dia – desde como evitar gafes à mesa até como ser um hóspede sempre bem-vindo, como ter uma convivência harmônica com os vizinhos ou o que continua em uso no relacionamento entre homens e mulheres.

PEQUENO LIVRO DO VINHO: GUIA PARA TODA HORA
(Suzamara Santos)
Um guia rápido e fácil que vai apresentá-lo ao mundo dos vinhos. A jornalista Suzamara Santos explica a você conceitos básicos como aroma, acidez, tanino, tipos de uvas etc. Saiba qual é a temperatura certa e que taça usar para servir os diferentes estilos de vinho branco, tinto, rosé, espumante e de sobremesa.

8 MINUTOS DE MEDITAÇÃO
(Victor Davich)
O programa de meditação apresentado neste livro foi elaborado para se adaptar ao seu estilo de vida agitado. De maneira simples, fácil e sem perda de tempo,

você vai aprender técnicas de meditação que podem contribuir para reduzir a ansiedade e o estresse, baixar a pressão arterial, melhorar a atenção e a concentração, entre outros benefícios à saúde mental, espiritual e física.

HISTÓRIAS QUE CURAM... PORQUE DÃO SENTIDO À VIDA
(Elisabeth Lukas)
Histórias reais, personagens reais, problemas reais... e soluções reais compõem este livro que vai nos envolvendo e surpreendendo à medida que descobrimos que nunca estamos sozinhos, que em todas as coisas sempre há um sentido e que existem, à nossa frente, inúmeros caminhos e recursos dos quais nem suspeitávamos. A temática abrange nossa realidade multifacetada: solidão, abandono, ciúme, egocentrismo, estresse, tédio, desemprego, relacionamentos, traumas, falta de sentido, suicídio, aborto, depressão, crise da meia-idade, impasses, indecisão, problemas profissionais...

SOBRE A FELICIDADE / SOBRE O AMOR
(Pierre Teilhard de Chardin)
São dois livros em um. Cada capa do livro dá início a um dos livros. De um lado, em *Sobre o amor*, o autor discorre filosoficamente sobre o amor e conduz o leitor a considerar a força abrangente do amor universal, partindo da idéia do amor pessoal. Do outro lado, em *Sobre a felicidade*, apoiando-se nos ensinamentos da ciência e da biologia, Chardin se propõe a ajudar o leitor a encontrar a felicidade indicando não só o melhor caminho para chegar a ela, mas também as atitudes essenciais que cada um deve ter para alcançá-la.

OS CÓDIGOS INCONSCIENTES DA SEDUÇÃO
(Philippe Turchet)
Seduzir é dar ao outro o gosto, o desejo, a chance de se abrir. Certos estímulos visuais percebidos pelo cérebro desencadeiam, inconscientemente, esse desejo de abertura. Inspirado pelas mais recentes descobertas, este livro descreve, de forma concreta e metódica, esses sinais corporais. Explica por que as mulheres e os homens mais fascinantes transmitem mais mensagens de sedução. Mostra, sobretudo, como cada um de nós pode se tornar um mensageiro da sedução.

CINEMATERAPIA PARA A ALMA: GUIA DE FILMES PARA TODOS OS MOMENTOS DA VIDA
(Nancy Peske e Beverly West)
Neste livro você encontrará 150 dicas de filmes, tanto clássicos quanto contemporâneos, para os mais diversos momentos e estados de espírito. Divertido, brincalhão, espirituoso, este livro funciona como um remédio eficaz: levanta o astral, acalma a ansiedade, faz sair da monotonia, inspira coragem, renova a esperança, dá boas idéias, faz pensar, emociona, provoca boas risadas, apresenta novas perspectivas... e muito mais!

O INFINITO NA PALMA DA SUA MÃO
(Rubem Alves)
Por meio dos textos poéticos unidos pelo verso "o infinito na palma da sua mão" da poesia de William Blake, será possível ao leitor aproximar-se desse conceito tão impossível para o ser humano, traduzido em nossa linguagem apenas por seres arrojados e visionários que o capturam através da manifestação fugaz da Beleza.

Um céu numa flor silvestre
(Rubem Alves)
Inspirado na poesia de William Blake, Rubem Alves, através de suas crônicas, leva o leitor a uma viagem pelas mais diversas formas de beleza presentes no nosso dia-a-dia, as quais, muitas vezes, passam despercebidas ao observador menos atento. Por outro lado, o autor mostra como a beleza pode ser vista de forma diferente, dependendo do olhar que contempla e do momento especial em que é vista.

Se eu pudesse viver minha vida novamente...
(Rubem Alves)
Rubem Alves viaja no tempo e no espaço... e lança o olhar sobre os sonhos, sobre as perdas e ganhos, detendo-se aos pequenos detalhes que fazem toda a diferença, recorrendo a memórias ora felizes ora dolorosas, quase sempre com um toque de nostalgia que não é arrependimento, mas sim uma saudade gostosa de algo vivido em plenitude. É assim, com extrema delicadeza, que chega ao coração e à mente de cada um de nós, despertando-nos para o agora, acordando em nós o desejo de viver de forma diferente, de aproveitar cada instante, de valorizar cada minuto, enchendo-o de beleza, de verdade, de leveza.

Um mundo num grão de areia
(Rubem Alves)
Nesta coletânea de crônicas poéticas, de intenso lirismo, é possível encontrar todas as facetas que compõem o universo do ser humano e descobrir a riqueza de vida existente num minúsculo grão de areia, que nada mais é do que nosso mundo irrevelado. Esta é uma obra essencial para quem se sente amante da poesia, da arte, do sonho... amante do ser humano e de seu universo.

Transparências da eternidade
(Rubem Alves)
Como um mestre da palavra, Rubem Alves relata, nesta coletânea de crônicas, passagens e experiências vividas, nas quais Deus, a religiosidade, o amor, a beleza e o sentido da vida estão sempre presentes. Seu texto flui com uma simplicidade de rara beleza, inspirado por uma memória poética e reflexões cotidianas, apresentando a espiritualidade sob uma nova óptica e tornando a sua leitura obrigatória àqueles que buscam ampliar seus horizontes.

O som do silêncio
(Luiz Carlos Lisboa)
Com textos profundos, mas de leitura simples, Luiz Carlos Lisboa leva o leitor a viagens em busca do eu interior. São meditações em pequenos textos com temas variados, geralmente nascidos da natureza e de tudo o que nos rodeia – o som, a lua, o sol, a presença do ausente, o amor, as emoções, a capacidade de sentir, a solidão e o estar só.

A coragem de ser você mesmo
(Jacques Salomé)
Autor *best-seller* na Europa, Jacques Salomé estabelece, neste livro, uma ponte entre a psicologia e a espiritualidade, propondo uma jornada através da qual iremos explorar as diversas áreas de nossa personalidade, detectando nelas os aspectos sombrios e ambíguos, além das armadilhas que impedem um relacionamento saudável e verdadeiro consigo mesmo e com o outro.

Amar... apesar de tudo
(Jean-Yves Leloup)
Jean-Yves Leloup nos convida a dar um passo consciente em direção a uma vida plenamente assumida. Fala-nos daquilo que está dentro de nosso ser, no mais profundo de nós – o amor –, e vai lançando luzes para permitir que cada aspecto aflore, que tomemos consciência e que nos rendamos à proposta de mudança que a vida nos faz. Considerando nossa vida tal qual ela se apresenta, o autor nos induz a buscar nosso caminho pessoal, nossa resposta pessoal que sempre encontra pleno sentido no amor.

O bem que você planta, você colhe
(J. P. Vaswani)
J. P. Vaswani, mestre de rara sensibilidade, oferece neste livro uma envolvente e refinada coletânea de histórias de sabedoria – histórias únicas, que nos levam a descobrir o verdadeiro sentido do sucesso e da felicidade ao nos ajudarem a refletir profundamente sobre nossa própria vida e sobre nosso mundo; ao alcançarem nosso coração de forma terna e sábia; ao servirem como inspiração para um novo viver...

Um caso de amor com a vida
(Regis de Morais)
Através de belos textos acentuadamente poéticos, o autor nos leva a percorrer o caminho que liga os opostos sempre presentes nas experiências particulares e universais: o nascer e o morrer, o perder e o ganhar, o chorar e o rir, o odiar e o amar... Despertando cada vez mais para a Beleza que mora em nós, que mora no outro, que envolve a todos, a leitura deste livro nos propõe uma trajetória que, num exercício de encantamento, nos permitirá ter... um caso de amor com a vida!

Onde existe amor, Deus aí está
(Leon Tolstói)
Tolstói, autor clássico russo, famoso por seus grandes romances, merece ser divulgado também como autor de belíssimos contos espirituais. São histórias criativas, cheias de imaginação, ricas em ensinamento e que tocam o nosso coração ao nos apresentarem situações reais, personagens que têm vida própria, uma visão de mundo rica, colorida, com sabor de realidade.

Lições para toda a vida
(Maria Salette e Wilma Ruggeri)
Por meio de uma parábola – a trajetória de um executivo em sua busca pela sabedoria –, as autoras apresentam lições de desapego, confiança e humildade, surpreendendo o leitor pela simplicidade e profundidade de cada reflexão e proporcionando-lhe um encontro decisivo com seu mestre interior.

De lagarta a borboleta
(Maria Salette e Wilma Ruggeri)
Não é interessante pensarmos que carregamos em nós todo o potencial de transformação de que necessitamos? Quantas vezes queremos mudar nossa vida, as pessoas que nos rodeiam, e nos frustramos porque não reconhecemos que, para alçarmos vôos mais altos, precisamos, antes de mais nada, entrar em nosso casulo, em nosso refúgio interior, para daí, com nossos próprios recursos, tecer nossa transformação... então partimos para a jornada em busca da plenitude.

Para que minha vida se transforme (vols. 1 e 2)
(Maria Salette e Wilma Ruggeri)
Histórias que devem ser lidas ou contadas no dia-a-dia e que se destinam a todos os que estão à sua volta: crianças, jovens e adultos, parentes e amigos... São histórias simples e populares, escritas de maneira leve e de fácil compreensão, que mostram que a vida é simples; que a felicidade está dentro de cada um de nós; que podemos ser agentes de nossa vida e não reagentes; que não somos os donos da verdade; que devemos ver as pessoas além das aparências e cultivar valores... cultivar tudo o que é nobre e contribui para que o mundo esteja em paz.

Sem segredos e cem chaves para que sua vida se transforme
(Maria Salette e Wilma Ruggeri)
No estilo simples, direto e objetivo que caracteriza as autoras, este livro reúne textos curtos, práticos, todos eles nascidos das experiências do dia-a-dia. Visa levar o leitor a refletir sobre sua própria vida, a descobrir que nasceu para ser feliz e que para isso, como afirmam as autoras, não há segredos – apenas chaves que abrem portas a inúmeras possibilidades, permitindo que sua vida se transforme.

Meditações para o dia
(Osho)
O livro apresenta pensamentos de Osho especialmente selecionados para serem lidos ao acordar. Ao ler, pela manhã, essas meditações de sabedoria, você terá a chance de tornar seu dia iluminado de tal forma que tudo que fizer será uma espécie de bênção, tudo que pensar ou disser estará repleto de sentido divino.

Meditações para a noite
(Osho)
Por meio de pensamentos e *insights* que devem ser lidos e refletidos todas as noites, o mestre indiano Osho, com sua visão libertadora e ao mesmo tempo polêmica, ensina o caminho do amor, do respeito ao outro, da busca pela paz e pela quietude interna.

Osho todos os dias
(Osho)
Busca de transformação interior, com plena integração de corpo, mente e espírito: essa é a proposta deste livro inspirador. Meditações de fácil leitura, porém com forte chamado ao despertar, são distribuídas página por página de forma a serem lidas uma a uma, diariamente, no decorrer dos 365 dias do ano. São dizeres que tocam nosso interior, fazendo-nos pensar e refletir, gerando uma forma melhor de encarar a vida.

Dalai-Lama todos os dias
(Dalai-Lama)
Reflita com o Dalai-Lama sobre temas sempre atuais e que nos intrigam: morte e vida; emoções e sentimentos; fé e razão; transformação e estagnação... Meditando os textos apresentados neste livro, você descobrirá mais um aspecto de si mesmo, crescendo no autoconhecimento e na paciência; mais um aspecto do outro, crescendo na tolerância e na compaixão; mais um aspecto da vida, crescendo na esperança e no amor.